GUY BOULIANNE

Le Prince Fou

Tome 2

Ce livre fut professionnellement composé sur Reedsy.

En savoir plus sur reedsy.com.

First edition

ISBN: 978-1-77076-721-8

This book was professionally typeset on Reedsy.
Find out more at reedsy.com

NASA — Le 18 juin 2009, le nom de Guy Boulianne fut intégré à une micropuce et expédié sur la lune à bord du Lunar Reconnaissance Orbiter (certificat # 521067). Le 26 novembre 2011, il fut expédié de la même façon sur la planète Mars à bord du Mars Science Laboratory (certificat # N2M401209699).

Vous semblez avoir répondu à votre appel intérieur (appel du sang ou de la forêt ?) et réussi à trouver votre place dans ce monde. Je trouve ça inspirant. Ça m'a fait un effet semblable il y a quelques années quand j'ai lu les livres de N. de Vere et trouvé tellement de coïncidences entre de vieux mythes et mon parcours, entre mon système symbolique et celui d'un peuple éteint. Pourtant vous semblez beaucoup plus lumineux que le prince de Vere, et de surcroît encore vivant.

Jordan Cardinal, 2017

Contents

III   La famille Planta de Wildenberg

IV   L'haplogroupe G-M201

V   Bouillargues

VI   Le prince Ursus

VII   Guilhem de Gellone

Introduction de Robert Tiers

Cher ami Guy Boulianne,

Je vous remercie de l'honneur que vous me faites d'écrire cette brève introduction de votre livre : l'histoire généalogique de vos ancêtres, descendants de l'une des branches des petits-enfants de Japhet, petit-fils de Noé.

Depuis notre première rencontre en votre demeure, dans les bois du Lauzet, en ce printemps 1997... l'ami, feu Didier Danjou[1], a réuni ce jour-là deux chercheurs passionnés de l'histoire. La photographie du tableau de Nicolas Poussin se trouvant dans notre salon nous rappelle la sincérité : poursuivre jusqu'à ce jour nos idées communes. Vous aviez tout de suite compris en voyant cette photo du tableau : c'était une grande découverte, une carte topographique, avec de nombreux symboles...

L'histoire du Graal et l'histoire de la France sont liées à la mythologie.

— Robert Tiers[2], *26 septembre 2018*

---

[1] Didier Lutz.

[2] Robert Tiers, chercheur et historien d'art, est célèbre à travers la France et l'Europe pour la minutieuse enquête qu'il a réalisée autour du tableau "Le Jardin des Hespérides", qu'il attribue avec raison au grand maître du XVIIe siècle, Nicolas Poussin. Son enquête dure depuis plus de quarante ans. C'est en 1997 que Guy Boulianne rencontra pour la première fois Robert Tiers à Avignon, avec qui il entreprit une très longue correspondance jusqu'à ce jour.

Robert Tiers et Guy Boulianne devant le tableau attribué au peintre Nicolas Poussin (Avignon, 1997). Photographie : Didier Lutz.

Le 3 novembre 1975, se souvient Robert Tiers, à la foire des antiquaires de Toulouse, un tableau le happe. Un paysage bucolique sous un soleil couchant. Assis dans l'atelier de restauration de son fils, à Paris, où "le Jardin des Hespérides", comme il l'a baptisé, est entreposé, Robert Tiers, 84 ans, en est toujours convaincu : la toile est l'œuvre de Nicolas Poussin auquel le Louvre lui a consacré une rétrospective en 2015. "Je l'ai prouvé", affirme-t-il. Une thèse que les experts n'ont à ce jour ni confirmée ni invalidée.

Connais-toi toi-même et tu connaîtras l'univers et les dieux

« Quel est le sens, quel est l'auteur du précepte sacré qui est inscrit sur le temple d'Apollon, et qui dit à celui qui vient implorer le Dieu : Connais-toi toi-même ? Il signifie, ce semble, que l'homme qui s'ignore lui-même ne saurait rendre au Dieu des hommages convenables ni en obtenir ce qu'il implore. »

— Porphyre, Traité sur le précepte connais-toi toi-même

Godefroy de Bouillon

Godefroy de Bouillon, roi de Jérusalem (1058–1100)

Ex-Libris de l'avocat Boyer de Bouillane à Nîmes et de Franz Rudolf von Planta

Je me suis offert deux pièces de collection : l'Ex-Libris de l'ancien Magistrat et avocat à la Cour d'appel de Nîmes, **Pierre Paul Henri Dominique Boyer de Bouillane** (20e siècle, 52 x 48 mm). Né à Grenoble le 4 août 1848, il portait sur son blason : « *D'azur à une patte d'ours senestre, mise en bande* ». avec la devise « *Spe et Patientia* » (Espoir et patience). L'Ex-Libris est inscrit dans le Bulletin de la Société d'Archéologie et de Statistique de la Drôme, volume 25, p. 338 (Valence 1891), ainsi que dans la base de l'Association Française pour la Connaissance de l'Ex-Libris (Réf.: B4174).

Le 9 septembre 1874, Pierre Paul Henri Dominique Boyer reçut l'autorisation officielle d'ajouter à son nom celui de sa famille adoptive, de Bouillane, et de s'appeler à l'avenir Boyer de Bouillane, nom désormais transmissible. Fils de Austremoine Boyer et de Marie Anne Julie Mathilde Tropenas, il est le petit-fils par adoption de Antoine Henri Etienne de Bouillane de Lacoste. Paul Boyer de Bouillane fut substitut du procureur de la République à Die (Drôme), avocat à Valence, ainsi qu'avocat à la Cour d'appel de Grenoble et de Paris. Chevalier de l'Ordre de Saint-Grégoire-le-Grand, il est décédé au Château de Cuirieu, à Saint-Jean-de-Soudain (Isère), à l'âge de 60 ans, le 24 juillet 1908.

La fille du magistrat, Geneviève Boyer de Bouillane, devint la vicomtesse de Courville, en épousant Guy Marie Alfred Ignace Henri Bernard de Courville. Elle faisait partie du service d'honneur de S.A.R. Madame la duchesse de Vendôme lors des obsèques solennelles de Son Altesse Royale le prince Emmanuel d'Orléans, duc de Vendôme et d'Alençon, plus tard « premier prince du sang royal de France » pour les orléanistes, célébrées le 14 février 1931 en la chapelle royale Saint-Louis de Dreux. Son frère, Charles Boyer de Bouillane, Capitaine de corvette de réserve et Chevalier de la légion d'honneur, était aussi présent à cette cérémonie où étaient réunis les membres les plus distingués de la haute noblesse.

Concernant sa première fille, dans les papiers de Albert Rhein-wald (1882-1966) conservés à la Bibliothèque de Genève, département des manuscrits et des archives privées, deux lettres autographes sont signées de ce nom : **Marie Boyer de Bouillang** (Cote : Ms. fr. 4891, f. 37-55).

J'ai aussi acheté l'Ex-Libris de **Franz Rudolf von Planta** (Fürstenau 1865 – Genève 1946), dont le tirage était de 400 exemplaires en bistre, sur vergé en 1918 (37 x 36 mm) : gravure sur acier 20° France Stern, non signé, Zürich. *«D'argent, à une patte d'ours au naturel, coupée et armée de gueules, montante de dextre à senestre».* Cet Ex-Libris est répertorié dans la base de l'Association Française pour la Connaissance de l'Ex-Libris (Réf.: B2159).

Franz Rudolf von Planta acheta le château de Tagstein, près de Masein, canton de Zürich, en 1898 (Répertoire général des ex-libris français : P1786). Joseph de Planta de Wildenberg et Paul Boyer de Bouillane étaient tous les deux des membres titulaires de la Société d'archéologie, d'histoire et de géographie de la Drôme, respectivement en 1866 et en 1884 (source : Cths).

— Guy BOULIANNE, *14 juin 2016*

I

Paul Boyer de Bouillane

1

L'éminence grise derrière le Grand Monarque

N ous avons compris depuis longtemps que la lignée des Fils de l'Ours, c'est-à-dire la lignée des de Bouillanne (Bollana, Abolena), descend de ce Prince Ursus, lui-même un descendant du roi mérovingien Dagobert II, de Gisèle de Rhedae et du légendaire Guilhem de Gellone. Ursus était présent lors de la translation des reliques de saint Baudile en 878, l'auteur anonyme précisant qu'il était le vicomte de Nîmes.[3]

Nous avons vu que ces Fils de l'Ours ont toujours été du combat pour recouvrer leur royaume perdu et qu'ils ont toujours été présents derrière les grands événements souterrains qui ont marqué la France. Nous verrons maintenant que cette présence a culminé avec Paul Boyer de Bouillane, l'un des plus éminents magistrats et conférenciers de cette fin du XIXe siècle, et que celui-ci était sans aucun doute l'éminence grise derrière les têtes couronnées et ce qui devait devenir le « *mystère de Rennes-le-Château* », cette fameuse Rhedae.

---

[3] Abbé Lebeuf, Histoire d'Auxerre, nouvelle édition, t. 1, p. 206.

Pierre Paul Henri Dominique Boyer naquit à Grenoble le 4 août 1848. C'est l'abbé Charles Pierre François Cotton (1825-1905) qui le prépara à sa première communion. Ce pieux ecclésiastique eut sur son âme une forte influence qui grandit avec les années. Prêtre catholique du diocèse de Grenoble ordonné en 1849, il devint évêque de Valence en 1875. Ses armoiries portaient en son centre le Saint Calice, probablement en écho à la Chapelle du Saint Calice de la cathédrale de Valence, en Espagne. Le Saint-Siège a récemment déclaré Valence siège du Saint Graal et a approuvé la célébration du Jubilé tous les cinq ans.

Le jurisconsulte et l'homme politique, qui étaient en germe dans la riche nature de Boyer, trouvèrent dans Grenoble un maître capable d'exciter ses dispositions, pour les canaliser ensuite et les guider, le R.P. Jules Sambin (1820-1892), de la Compagnie de Jésus. Le nom de ce religieux éminent est connu de ceux qui sont familiarisés avec l'histoire des doctrines et de l'action catholique en France pendant la seconde moitié du dix-neuvième siècle. Les jeunes gens, avides de savoir et d'agir, allaient en toute confiance lui demander la vérité religieuse et la vérité politique. Ils apprirent, sous sa direction, à raisonner leurs convictions. Ils devinrent plus catholiques et plus royalistes. C'est dans ce contexte que Pierre Paul Henri Dominique Boyer prit part à la fondation du journal l'Unité française, organe des catholiques et des légitimistes dans le département de l'Isère. Il mit son intelligence, son coeur et ses relations au service du Père Sambin, qui créait à Grenoble l'Association des jurisconsultes catholiques. Cette oeuvre fut pour lui, dans la suite, une véritable famille spirituelle.[4]

---

[4] Catherine Fillon, La Revue catholique des institutions et du droit, le combat contre-révolutionnaire d'une société de gens de robe (1873-1906), in Hervé Leuwers, Jean-Paul Barrière et Bernard Lefebvre (dir.), Élites et sociabilité au

Fils de Austremoine Boyer et de Marie Anne Julie Mathilde Trope-nas, il est le petit-fils par adoption de Antoine Henri Etienne de Bouillane de Lacoste. Pierre Paul Henri Dominique Boyer comprit rapidement l'importance d'adopter le nom de son grand-père adoptif pour son avenir et celui de sa postérité. Le 9 septembre 1874, il reçut l'autorisation officielle d'ajouter à son nom celui de sa famille adoptive, de Bouillane, et de s'appeler à l'avenir Boyer de Bouillane, nom désormais transmissible.[5]

N° 3625.—DÉCRET DU PRÉSIDENT DE LA RÉPUBLIQUE FRANÇAISE (contre-signé par le garde des sceaux, ministre de la justice) portant ce qui suit :

1° M. *Boyer* (*Pierre-Paul-Dominique-Henri*), substitut du procureur de la République à Die (Drôme), né le 4 août 1848, à Grenoble (Isère), est auto-risé à ajouter à son nom patronymique celui de *de Bouillane*, et à s'ap-peler, à l'avenir, *Boyer de Bouillane.*

2° Ledit impétrant ne pourra se pourvoir devant les tribunaux pour faire opérer, sur les registres de l'état civil, le changement résultant du présent décret, qu'après l'expiration du délai fixé par la loi du 11 germinal an xi, et en justifiant qu'aucune opposition n'a été formée devant le Conseil d'État. (*Paris, 9 Septembre 1874.*)

Décret du Président de la République Français (9 septembre 1874).

Trois ans plus tard, il fut nommé substitut à Valence. Magistrat loyal, il ne sacrifia rien de sa conscience ni de sa foi. Cette fierté dans l'accomplissement de tout son devoir attira sur lui la foudre républicaine ; le ministre de la Justice le révoqua de ses fonctions en 1879, après sept années de service. Paul Boyer de Bouillane dira : « *On me révoque, mais je ne démissionne jamais* ».

Le substitut révoqué se fit alors inscrire au barreau de Valence.

XIXe siècle, Villeneuve d'Ascq, IRHiS (Histoire et littérature de l'Europe du Nord-Ouest, no 27), p. 199-218.

[5] Bulletin des lois de la République Française, XIIe série, Vol 9, No. 215 à 240, p. 812, Paris 1874.

Mgr Cotton, aux prises avec les persécuteurs de la foi, le choisit pour son conseil éclairé et son défenseur; les victimes de la République lui confièrent le soin de plaider leur cause.

Paul Boyer de Bouillane et les Légitimistes

Son séjour à Grenoble l'avait mis en relation avec la famille Nicolet. L'harmonie des idées et des sentiments forma bientôt ces liens qui préparent peu à peu les unions indestructibles d'un jeune homme et d'une jeune fille. Mgr Cotton, *le père spirituel de Paul Boyer de Bouillane et l'ami de la famille Nicolet*, donna aux deux époux la bénédiction nuptiale.

Le voyage de noces les amena au château de Frohsdorf en Autriche, où le Comte de Chambord leur fit l'honneur de les recevoir. La vie dans ce « Petit Versailles » se déroule suivant une étiquette royale. La comtesse de Chambord est entourée de deux dames d'honneur. Il faut compter aussi deux chapelains, un médecin et le fidèle secrétaire Moricet, ancien combattant de la dernière guerre de Vendée. Il y a tous ces partisans qui défilent dans le château pour rendre hommage au « Roi de France » ou déambulent dans le parc aménagé à la française.[6]

C'est dans cette ambiance royaliste que Paul Boyer de Bouillane sera mis en relation avec Gaston-François-Christophe de Lévis, qui assure le rôle de ministre du Comte de Chambord. Celui-ci est le descendant de l'une des plus anciennes Maison de France, intimement liée à la croisade albigeoise (Guy II de Lévis), à la fondation de la Compagnie du Saint-Sacrement et de Montréal (Henri de Lévis, duc de Ventadour), à l'évangélisation de la

---

[6] L'association *Pour le retour à Saint-Denis de Charles X et des derniers Bourbons* : Il était une fois ... Le château de Frohsdorf et le couvent de Kostanjevica, Grasse, France..

Nouvelle-France (Gabriel Thubières de Lévis de Queylus)[7] et à la bataille pour les plaines d'Abraham (François Gaston de Lévis).[8] Gaston-François-Christophe de Lévis est d'ailleurs le petit-fils de ce dernier. Après la révolution de juillet 1830, il refusa de prêter serment au gouvernement de Louis-Philippe, pour rester fidèle à la branche ainée qu'il accompagna dans l'exil, en Écosse et en Allemagne.

Nous pouvons facilement imaginer les secrets qu'ont pu se partager Paul Boyer de Bouillane, Gaston-François-Christophe de Lévis et le Comte de Chambord. Toujours est-il que cette visite donna aux convictions de M. et de Mme Boyer de Bouillane la netteté des vérités vues. La Providence mettait ainsi sur leur chemin les circonstances propres à leur rendre certaines doctrines sensibles. Si Henri V fut pour eux une apparition de la vérité politique, ils vénéraient tout autant l'évêque de Valence, Mgr Charles Pierre François Cotton, en qui ils voyaient un témoin des vérités religieuses. L'héritier du trône de France devait mourir deux mois plus tard dans son exil, le 24 août 1883.

---

[7] André Vachon, « Thubières de Lévy de Queylus, Gabriel », dans Dictionnaire biographique du Canada, vol. 1, Université Laval/University of Toronto, 2003.

[8] W. J. Eccles, « Lévis, François de, duc de Lévis », dans Dictionnaire biographique du Canada, vol. 4, Université Laval/University of Toronto, 2003.

2

Le mystère de Rennes-le-Château

Q u'est-ce qui peut bien unir le Comte de Chambord, Gaston-François-Christophe de Lévis et Paul Boyer de Bouillane au mystère de Rennes-le-Château ? Tout d'abord, mentionnons que le précepteur du comte de Chambord était nul autre que Marie Constant Fidèle Henri d'Hautpoul, neveu de Marie de Nègre d'Able, intimement liée à l'histoire de Rennes-le-Château. Les familles d'Hautpoul et de Nègre d'Able avaient de très anciens liens de parenté avec la famille de Lévis. En effet, Beaudoin d'Hautpoul était le petit-fils de Jeanne de Lévis Mirepoix (fille de Guy 1er de Lévis, Maréchal de la croisade albigeoise), tandis que Antoine Ier de Nègre était marié avec Jeanne de Lévis, fille de Jean IV de Lévis, seigneur de Mirepoix, en 1525.[9] D'ailleurs, l'arrière grand-père du ministre du Comte de Chambord, Jean de Lévis d'Ajac, avait épousé en premières noces Anne d'Hautpoul.

Marie de Nègre d'Able épousa en 1732, François d'Hautpoul, marquis de Blanchefort, seigneur de Rennes-le-Château, et devint célèbre grâce à l'étrange pierre tombale qu'elle laissa après

---

[9] Archives départementales de l'Aude, sous-série 66 J, Fonds de Negre. Répertoire numérique établi par Jean Blanc et Sylvie Caucanas, Carcassonne 1997.

sa mort. Aujourd'hui encore cette pierre reste à l'origine de nombreuses légendes et suppositions sur un hypothétique trésor à Rennes-le-Château.[10]

Voici l'histoire racontée par Philippe de Cherisey, alias Jean Delaude (associé de Pierre Plantard de Saint-Clair), dans son document intitulé « Le Cercle d'Ulysse » :

Rennes-le-Château doit sa célébrité à un trésor découvert à la fin du siècle dernier par l'abbé Bérenger Saunière. Nommé curé de ce lieu le 1er juin 1885, ce prêtre est pauvre. Son église et son presbytère sont délabrés. Mais la providence est grande. Voici qu'en novembre 1885, il reçoit la visite d'un envoyé de Marie-Thérèse de Modène, comtesse de Chambord, veuve du petit-fils de Charles X, l'ancien prétendant à la couronne de France. Le délégué que l'on désigne sous le nom de « Monsieur de Chambord » n'est autre que Jean Salvador de Habsbourg-Toscane.

Le comte de Chambord décédé en 1883 ne laisse aucune postérité, sa veuve et ses partisans sont des ennemis de la branche d'Orléans, ce sont eux qui forment un mouvement mérovingien qui existe encore de nos jours, «Le Cercle du Lys», rue de l'Amiral Mouchez à Paris, animé par 350 fidèles... On remet à l'abbé Saunière une somme de 3.000 francs, contre quoi celui-ci s'engage à effectuer certaines recherches de documents dans son église. Entre 1885 et 1891, « Monsieur de Chambord » reviendra six fois pour suivre les résultats de l'opération, versant à chaque passage des dons, soit au total 20.000 Francs.

---

[10] Jean-Pierre Lagache, À la découverte de l'Aude et escapades en Ariège, Pays de Sault. L'histoire des Châteaux de Belcaire et de la famille de Nègre, 18 juillet 2011.

Au cours des travaux de maçonnerie exécutés par deux ouvriers, ceux-ci découvrirent en soulevant une dalle devant l'autel, un étui de bois contenant trois parchemins se composant de : a) d'une généalogie des comtes de Rhedae depuis l'origine, acte de 1243, qui porte le sceau de Blanche de Castille, b) d'un acte de 1608 de François-Pierre d'Hautpoul, qui donne un complément de généalogie depuis 1240 avec un commentaire en mauvais latin, c) d'un testament de Henri d'Hautpoul du 24 avril 1695, qui porte cachet et signature du testateur.

En 1892, Bérenger Saunière se rend chez Mgr Billard, évêque de Carcassonne, avec comme prétexte de négocier les parchemins. Il reçoit de ce dernier 200 francs, ainsi qu'une lettre pour l'abbé Victor Bieil, alors directeur du séminaire Saint-Sulpice de Paris. Chez Letouzey, il rencontre le novice Émile Hoffet, de passage avec un chartriste de Saint-Gerlach. Le curé Saunière est invité chez Claude Debussy, où il fait la connaissance de Charles Plantard avec lequel il entretiendra une correspondance suivie.[11]

Il serait impensable que Paul Boyer de Bouillane, au vu de sa notoriété et de ses liens avec l'héritier du trône de France, n'ait pas été au courant de cette fabuleuse énigme de Rennes-le-Château, puisqu'elle fait partie d'un plan minutieusement organisé dans le but de restaurer la monarchie. En tant que représentant des Fils de l'Ours – *issus des seigneurs du Razès* – celui-ci agissait en tant qu'éminence grise au sein du Cercle du Lys.

---

[11] Philippe de Cherisey (alias Jean Delaude), Le Cercle d'Ulysse, éditions Dyroles, Toulouse 1977. Bibliothèque Nationale, No. 18244. Diffusé par Rennes-le-Château doc.

L'étrange similitude entre les armoiries de Paul Boyer de Bouillane et celles choisies par Pierre Plantard de Saint-Clair, co-auteur, avec Philippe de Chérisey, des dossiers secrets d'Henri Lobineau.

Lors de son aménagement dans le quartier Saint-Sulpice en 1895, il rencontra très certainement l'abbé Victor Bieil, alors directeur du Séminaire Saint-Sulpice[12] et le jeune Émile Hoffet, paléographe et prêtre de la Congrégation des missionnaires oblats de Marie-Immaculée. La vie d'Émile Hoffet semble comporter deux faces antinomiques car parallèlement à sa stricte orthodoxie catholique il s'intéressa de près aux milieux occultistes. Il fréquenta le jeune Pierre Plantard, lié au Prieuré de Sion, et surtout Georges Monti, alias «comte Israël Monti», alias «Marcus Vella», qui fut le secrétaire de Joséphin Peladan.

---

[12] Victor Bieil est né en 1835 à Boulogne-sur-Gesse (Haute-Garonne) et décédé en 1897 à Salies-du-Salat (Haute-Garonne). Ordonné prêtre de Saint-Sulpice en 1859, il fut directeur du Séminaire Saint-Sulpice, à Paris de 1875 à 1897.

3

L'homme reconnu par les Princes et ses Pairs

L a réputation du brillant avocat avait franchi depuis longtemps les limites du Dauphiné.   Son éloquence entraînante lui valut de nombreuses invitations à parler dans la région lyonnaise et en Languedoc. Un journal de Mâcon, *le Conservateur de Saône-et-Loire*, a tracé, au lendemain d'une conférence très applaudie, un portrait qui trouve ici sa place :

« C'est un homme dans toute la force de l'âge. Sa taille est un peu au-dessus de la moyenne, et, bien qu'elle soit loin d'être forte, les muscles du corps et du visage sont cependant bien dessinés. Il porte les cheveux coupés courts et les favoris classiques ; sa physionomie, fine et extrêmement mobile, révèle les nobles sentiments dont son âme est pénétrée ; c'est l'image fidèle de sa pensée. Sa démarche lente, son geste grave, élégant et mesuré, annoncent l'homme du monde d'une haute distinction. Son oeil, vif et puissant réflecteur de son intelligence, semble contribuer à donner à son front vaste le sceau du génie, ou au moins ce je ne sais quoi qui intéresse et dispose favorablement bon gré mal gré. Sa parole brève, mais claire et sympathique, indique suffisamment le

*caractère du magistrat, un caractère que contribuent seuls
à donner une haute et brillante éducation et un coeur droit.
Ajoutez à cela un organe où semblent s'analyser, se combiner
les sentiments généreux dont l'âme de l'orateur est remplie,
et vous aurez un portrait assez ressemblant, bien qu'au-
dessous de la vérité, de l'éminent conférencier ».*

Valence n'offrait pas à un avocat du talent de Boyer de Bouillane
une activité suffisante. Il quitta cette ville en 1885 pour s'installer
à Nîmes, siège de Cour d'appel. *« Personne ne savait mieux ourdir
la trame d'une résistance légale ou conseiller et guider une résistance
illégale, mais légitime ».*[13] Son activité suffit à tout, et, en tout, il
se montra sans effort un homme supérieur. Il donna beaucoup à
la presse, représentée à Nîmes par le Journal du Midi, comme
il l'avait fait à Grenoble et à Valence. Il se jeta avec ardeur
et esprit dans la mêlée politique ; son ami Bernis eut en lui
le collaborateur et le porte-parole qui convenait le mieux au
tempérament nimois. Cet orateur et ce causeur, plein d'esprit,
criblant ses adversaires de traits acérés, ayant au coeur les saintes
haines du mal et des malfaiteurs, gardait toujours cette distinction
de gentilhomme et cette mesure dans les coups portés, qui forcent
l'estime des adversaires. On ne lui connaissait pas d'ennemi.
C'était l'effet de son désintéressement personnel, de sa loyauté et
de l'indépendance de son caractère.

L'intelligence qu'il avait des conditions faites aux hommes par
leur vie en société, ici encore, l'empêcha d'élever entre les besoins
spirituels des individus, leurs intérêts temporels et la vie nationale,
une cloison étanche. Tout se tenait devant son esprit comme
dans la nature des êtres qui vivent. Cette disposition explique

---

[13] R.P. Dom Besse, « Paul Boyer de Bouillane et son fils Henry », lettre-préface
de son éminence le Cardinal de Cabrières, évêque de Montpellier, 1918.

la préférence qu'il donna à deux oeuvres : celle des Cercles catholiques d'ouvriers et celle des Jurisconsultes catholiques.[14] La fidélité qu'il conserva toute sa vie à l'une et l'autre maintint ses idées et son action dans un équilibre stable, que bien peu parmi ses contemporains eurent la bonne fortune de garder.

Le Cercle catholique d'ouvriers... ou le Cercle du Lys

À l'oeuvre des Cercles, Paul Boyer de Bouillane reconnut tout de suite le maître qui défendait l'influence véritable, parce qu'il possédait la doctrine. Pendant que le plus grand nombre s'en tenait à Albert de Mun, l'éloquent et disert porte-parole de l'école, il alla droit au marquis de La Tour du Pin La Charce, qui pensait, écrivait et causait. Il admira ce qu'avaient inoculé à sa belle intelligence et à son jugement fin, une tradition familiale de sept siècles, la fréquentation assidue de Le Play au terme de sa carrière, et enfin une longue suite d'observations personnelles faites sur des types fort divers.

Les défauts que des critiques sévères ont vus dans les écrits de M. de La Tour du Pin n'eurent à ses yeux que leur importance véritable. Il dégageait, telle qu'elle était, la pensée de son maître et ami, d'une forme défectueuse, pour la distribuer dans un cadre juridique. Faute d'avoir pris cette peine, d'autres ont trouvé dans les articles du maître ce qu'ils n'avaient point à y chercher.

Fils aîné d'Humbert de La Tour du Pin, marquis de La Charce, et de Charlotte-Alexandrine de Maussion, François-René de La Tour du Pin est issu d'une vieille famille de la noblesse dauphinoise,

---

[14] L'Express du Midi, édition de Toulouse, lundi 25 octobre 1937.

catholique et royaliste. Il épousera en 1892 sa cousine, Marie-Séraphine de La Tour du Pin Montauban, dont il n'aura pas d'enfants. À la mort du comte de Chambord, en 1883, La Tour du Pin reporte sa fidélité royaliste sur l'aîné des Orléans, Philippe, comte de Paris, qu'il rencontre à Eu. Au début 1885, de passage à Rome, il est reçu par le pape Léon XIII. En 1891, contrairement à Albert de Mun, il refuse le ralliement des catholiques français à la Troisième République.

Paul Boyer de Bouillane ne laissait rien perdre des écrits de M. de La Tour du Pin. Articles de revues et articles de journaux, soigneusement découpés et classés, constituaient des volumes d'une consultation facile. C'est dans ce précieux recueil qu'il prenait sa direction avant de parler. *« Nous avons là toute notre doctrine politique et sociale, disait-il, quand donc la publiera-t-on ? Cet ensemble d'écrits nous rendrait les plus grands services »*. C'est grâce à la générosité de Boyer de Bouillane et au travail de Mlle Élisabeth Bossan de Garagnol que l'on peut lire aujourd'hui *«Vers un ordre social chrétien. Jalons de route, 1882-1907»*.

M. de La Tour du Pin aime à dire que l'*Oeuvre des Cercles* eut son point culminant en l'année 1889. Les idées directrices de l'Oeuvre avaient reçu leurs formules ; une organisation précise étendait son réseau à la France entière. On se connaissait, on pouvait se compter, on savait que faire et où aller. L'oeuvre avait, pour la guider, une école dans son propre sein : l'action tendait à faire passer les idées dans la vie publique. La doctrine et l'action avaient pour terme le rétablissement de l'ordre social chrétien en France.[15]

Il est clair que les Cercles catholiques d'ouvriers sont une émanation de la Compagnie du Saint-Sacrement, une société

---

[15] Foyer Maurice Maignen, Calendrier historique du Cercle catholique d'ouvriers de Montparnasse, Paris 1855-1905.

catholique secrète fondée en 1630 par Henri de Lévis, duc de Ventadour et vice-roi de la Nouvelle-France, parmi laquelle on retrouvait de nombreuses personnalités marquantes du XVIIe siècle, dont : Saint Vincent de Paul, François Fouquet (archevêque de Narbonne et frère du surintendant Nicolas Fouquet), Jean-Jacques Olier (fondateur de la Compagnie des prêtres de Saint-Sulpice et de la Société Notre-Dame de Montréal), Nicolas Pavillon (évêque d'Alet-les-Bains située à 10 Km de Rennes-le-Château) et François de Laval (évêque de Québec).

Tout comme les Cercles catholiques d'ouvriers, la création et l'œuvre de la Compagnie du Saint-Sacrement s'inscrivaient dans le mouvement de Réforme catholique née de la volonté réformatrice du Concile de Trente au milieu du XVIe siècle. Si elle était officiellement un organisme de charité dont la mission était de faire « tout le bien possible et éloigner tout le mal possible », elle était surtout un moyen détourné par le pape, qui y voyait un moyen de compenser l'Inquisition devenue une prérogative de l'État. Nous invitons les lecteurs à lire l'Instruction sur l'oeuvre, publiée par les cercles catholiques d'ouvriers en 1887, pour comprendre la similitude qu'il y a entre les deux organisations.[16]

Ce n'est certainement pas un hasard si la devise des Cercles catholiques d'ouvriers, « In hoc signo vinces » (par ce signe tu vaincras), se retrouve au sommet du porche de l'église Sainte Madeleine, à Rennes-le-Château. Elle fut plus tard adoptée sur le drapeau du prince Louis-Charles (1831-1899), fils de Karl-Wilhelm Naundorff. Cette croix et sa légende rappellent la vision de Constantin et peut-être de toute son armée, vision qui apparut dans le ciel, peu de temps avant la bataille contre Maxence, le

---

[16] Oeuvre des cercles catholiques d'ouvriers, Guide des fondations, premier fascicule, 1886.

28 octobre 312, au Pont Milvius, près de Rome. La victoire de Constantin détermina l'avenir du Christianisme.

Un autre personnage clé a joué un rôle primordial dans l'histoire de Rennes-le Château et des Cercles catholiques d'ouvriers. Il s'agit de Alfred Saunière, frère de Bérenger, qui fut à plusieurs reprises le président du Cercle Catholique de Narbonne. Christian Doumergu[17] écrit : « *Il était un des orateurs les plus brillants du Cercle de Narbonne, mais aussi une de ses plumes les plus offensives! Alfred Saunière est un pivot central, un acteur incontournable, au sein des réseaux légitimistes audois. Et du coup un acteur sans qui on ne peut comprendre les sommes importantes arrivées entre les mains de son frère à Rennes-le-Château. Les familles qui ont donné de l'argent à Bérenger Saunière sont les mêmes qui constituent la structure dirigeante du Cercle de Narbonne ! Incontestablement, Bérenger a donc été introduit auprès du Cercle* ».[18]

L'histoire de Jean-Marie-Alfred Saunière est encore pleine de zones d'ombres mais on sait que son action à Narbonne, en véritable militant qui aurait signé des articles dans le Courrier de Narbonne ou encore par son rôle au sein du Cercle Catholique de la même ville, n'a pu être étrangère à la réussite des desseins du curé de Rennes-le-Château, notamment lorsque celui-ci s'efforce de restaurer son église.[19] « *Dans la guerre que se livrent alors les deux France – la catholique et la laïque – ce type de voix est une arme décisive* », affirme Christian Doumergue. « *Bref, c'est un acteur clé de*

---

[17] Christian Doumergu, Le Cercle de Narbonne & le mystère de Rennes-le-Château, préface de Gino Sandri, éditions Arqa, mars 2015.

[18] Les Chroniques de Mars, numéro 16. Interview de Christian Doumergue, éditions Arqa 2015.

[19] Jérôme Choloux, Dans les petits papiers d'Alfred Saunière. La passion de Rennes-le-Château, 2015.

sa propagande. C'est par son intermédiaire que plusieurs des membres les plus importants ont fait des donations, importantes, au curé de Rennes-le-Château. A commencer par la comtesse de Chambord ».[20]

Il est donc absolument impossible que les deux orateurs et polémistes, Paul Boyer de Bouillane et Alfred Saunière, ne se soient pas connus, puisque les Cercles catholiques d'ouvriers étaient tissés comme les multiples mailles d'une immense toile: « *On se connaissait, on pouvait se compter, on savait que faire et où aller* ».

« *D'un rond d'un Lys naistra un si grand Prince,*
Bien tost & tard venu dans sa Prouince,
Saturne en libra en exaltation :
Maisaon de Venus en decroissante force.
Dame en apres mascu in sous l'escorce,
Pour maintenir l'heureux sang de Bourbon. »

– NOSTRADAMUS, Centurie XI.4

---

[20] Christian Doumergue, Gazette de Rennes-le-Château, 29 mai 2015.

4

Assemblée commémorative des États du Dauphiné (10 novembre 1888)

L'Oeuvre des Cercles, pour réagir contre l'apothéose de la Révolution française, entreprit de faire passer dans la pratique, avec tout l'éclat possible, sa doctrine contre-révolutionnaire. Elle ne trouva rien de mieux que de se rattacher à la tradition des États-Généraux.[21] Comme en 1788, on préluda par des États des provinces aux États-Généraux, célébrés dans la capitale l'année suivante. Les États du Dauphiné donnèrent le ton. Il fallut les préparer avec le plus grand soin : le succès de toute l'entreprise en dépendait. Le marquis de La Tour du Pin eut pour le seconder Boyer de Bouillane.[22]

Samedi le 10 novembre 1888, eut donc lieu à Romans (Isère) l'ouverture de l'assemblée commémorative des États du Dauphiné en 1788, sous la présidence du général Nugues. Elle a été précédée d'un service solennel célébré à l'église Saint-Bernard. La messe

---

[21] Le journal Le Gaulois, No. 2267 (11 novembre 1888) et le Journal de l'Ain (12 novembre 1888).

[22] Assemblée commémorative réunie à Romans les 10 et 11 novembre 1888 pour le centenaire des Trois Ordres de la Province de Dauphiné tenue à Romans en 1788, compte-rendus et procès verbaux, Valence 1889.

a été dite par l'abbé Charles Barnave, petit-fils du célèbre constituant Dauphinois, et l'absoute donnée par Mgr Charles Pierre François Cotton, évêque de Valence et père spirituel de Paul Boyer de Bouillane. Mgr Anatole de Cabrières, évêque de Montpellier, a fait l'éloge des aspirations libérales des trois ordres en 1870 et de leurs doléances justifiées par les abus de l'ancien régime. Les trois ordres avaient le respect des institutions existantes, tout en réclamant l'égalité civile et la liberté politique. L'orateur a rendu hommage à Le Franc de Pompignan, Malouet et Barnave, et a terminé son discours par une péroraison qui a fait sensation.[23]

N'y voyons-nous que le fruit du simple hasard, alors que cent ans auparavant, 15 Bouillane furent acclamés par les représentants des Trois Ordres se réunissant au Château de Vizille ? Cette assemblée était alors présidée par nul autre que Antoine Barnave, celui-là même qui fut choisi pour défendre la cause des de Bouillane (et des de Richaud). Barnave écrivait : « *Les preuves multipliées de leur noblesse, consignées dans les registres de la chambre des comptes, et le peu de monuments qui leur restent par devers eux, la présentent comme si ancienne, qu'il n'y a pas beaucoup de maisons dans la province qui puissent prouver au-delà ; et quoique depuis longtemps la plupart des individus aient été pauvres, il paroît qu'on les a toujours tenus en général pour d'honnêtes gens* ». Voilà que les noms de Barnave et de Bouillane sont à nouveau réunis pour commémorer cette assemblée de Vizille de 1788 ![24]

---

[23] Bibliothèques d'Orléans, Journal du Loiret, 12 et 13 novembre 1888.

[24] Guy Boulianne : Patte d'Ours. Nos ancêtres sont honorés à l'Assemblée de Vizille. 1788.

Assemblée des trois ordres du dauphiné – Vizille, 1788.

Mgr Anatole de Cabrières, qui participait à cette assemblée commémorative, est représentatif de ces «Blancs du Midi» restés catholiques tout au long de l'Époque moderne et devenus des fidèles de la branche aînée des Bourbons. Ses convictions légitimistes se muent en simples convictions royalistes après la disparition du comte de Chambord et ne sont nullement cachées par Cabrières. Toutefois, il se fixe très tôt, dès 1855, une ligne de conduite qui ne s'est jamais démentie : les intérêts de l'Église sont supérieurs à « *tous les principes politiques si essentiels qu'on les suppose ailleurs* ».

Né en 1830, passé par l'Assomption de Nîmes dont il reste ensuite proche de son fondateur, Emmanuel d'Alzon, formé à l'école des sulpiciens à Issy et à Saint-Sulpice, il entre dans la carrière sacerdotale comme prêtre du diocèse de Nîmes où il devient secrétaire particulier de l'évêque, Mgr Plantier. Il s'illustre alors par des prises de position légitimistes, ultramontaines et antiprotestantes qui retardèrent sans doute son accession à l'épiscopat, accession qui n'eut lieu qu'en 1873, à Montpellier.[25]

Un des représentants les plus importants du mouvement qu'on a baptisé les *Blancs du Midi* est le chevalier de Saint-Sylvestre, Louis-Adrien Peladan (1815-1890), qui est l'un des publicistes légitimistes les plus célèbres dans son milieu du XIXe siècle. Nous l'avons rencontré parmi les correspondants réguliers de Pierre Sébastien Laurentie, directeur de l'*Union* et le maître à penser de tous les légitimistes français entre 1830 et 1876. Il est le père du Dr Adrien Peladan (1844-1885), l'un des premiers homéopathes français, et de Joséphin Peladan (1858-1918), écrivain, critique d'art et occultiste français. C'est à son frère que Joséphin Peladan devait son entrée dans une branche toulousaine de la Rose-Croix. En 1888, il fonde avec Stanislas de Guaita l'*ordre kabbalistique de la Rose-Croix* qui accueille aussi Papus et Charles Barlet.

Prétextant un refus de la magie opérative, il se sépare du groupe en 1891 pour fonder l'*ordre de la Rose-Croix catholique et esthétique du Temple et du Graal*, appelé également Rose-Croix catholique. Joséphin Peladan côtoie la célèbre cantatrice Emma Calvé qui devint, selon la légende, la maîtresse de l'abbé Béranger Saunière, curé de Rennes-le-Château.

Peladan père n'a rien d'un occultiste ou d'un cabbaliste au sens ordinaire de ces deux termes. Ses œuvres sont davantage les armes de l'intégrisme catholique. Il passa sa vie à écrire, à

---

[25] Champ Nicolas, Blanc du Midi et évêque des gueux, Mgr de Cabrières, compte-rendu de : « *Le cardinal de Cabrières (1830-1921). Un siècle d'histoire de la France* », par Gérard Cholvy, Éditions du Cerf, coll. « Cerf-Histoire », Paris 2007.

créer des journaux, à imprimer des images pieuses, à oeuvrer pour le « Grand Monarque », bref, à professer un christianisme tapageur et bien souvent plus que douteux quant à son orthodoxie. Ses écrits sont dominés par quelques grandes idées que l'on retrouvera chez le fils et, qui, surtout, déterminèrent Joséphin dans la conduite pour laquelle il optera par la suite. Les opinions de Louis-Adrien Peladan sont celles d'un légitimiste classique c'est-à-dire qu'il est partisan du Comte de Chambord, Henri V, dont il publie les lettres en 1873 au moment où une restauration est possible, et est favorable à une certaine décentralisation politique et intellectuelle.[26]

---

[26] Jean-Pierre Laurant et Victor Nguyen, Les Péladan, Les Dossiers H, L'Age d'Homme, Lausanne, Suisse 1990.

5

Au service des Rois, des Reines et du Souverain Pontife

Paul Boyer de Bouillane et son épouse quittèrent Nîmes en octobre 1895, après un séjour de neuf ans, pour s'installer à Paris, au 41 rue du Four, à quelques pas seulement de l'église Saint-Sulpice dans le 6e arrondissement. L'accueil qu'il y reçut immédiatement et ses succès n'étaient que la consécration et la récompense des services rendus. Il était alors dans toute la force de l'âge et dans la plénitude de son talent. Il était un conférencier très recherché. Son éloquence, d'une extraordinaire souplesse, s'adaptait à tous les milieux : des auditoires fort distingués, à Paris et dans les principales villes, l'applaudirent avec enthousiasme.

Les Supérieurs des Congrégations religieuses devinrent ses clients assidus. Les lois fiscales qu'on leur appliquait, les fictions juridiques auxquelles on les contraignait de recourir, si elles voulaient échapper à la mort sans phrase, et, en dernier lieu, les mesures prises contre elles à l'occasion de la loi Waldeck-Rousseau sur les associations, les mettaient dans les plus graves embarras. Elles trouvèrent en lui un jurisconsulte au courant de la loi et de la jurisprudence, un avocat pour qui le maquis de la procédure n'avait guère de secret, un homme d'affaires capable de présenter une solution possible.

Deux familles religieuses eurent avec lui des relations plus étroites : les Dames de l'Assomption et les Petites Soeurs du même nom. Les premières avaient à Paris des établissements prospères, et la présence, à la maison-mère d'Auteuil, de religieuses appartenant par leurs familles à l'aristocratie espagnole leur donnait une situation quasi diplomatique. La Reine consort d'Espagne Marie-Christine d'Autriche prenait grand intérêt à leur sort ; elle voulut, pour ce motif, entretenir leur avocat. Boyer de Bouillane, qui passait par la Suisse sur les bords du lac de Lucerne des vacances agréables avec sa femme et ses enfants, partit aussitôt pour Saint-Sébastien.

Sa Majesté ne lui parla pas seulement de ses protégées d'Auteuil; elle lui fit l'honneur de le consulter sur des intérêts d'un ordre tout différent dont on ne connaît pas le contenu. Les services rendus de la sorte n'étaient connus que des intéressés ; ils lui valurent des amitiés fort honorables.

Paul Boyer de Bouillane ne cacha pas plus à Paris qu'à Nîmes ses convictions royalistes. À son arrivée dans la capitale, le ralliement mettait en désarroi les partisans de la politique traditionnelle ; les forces catholiques, à peu près unies jusqu'à ce jour, furent irrémédiablement divisées. Sa fidélité politique, très nette, lui permettait de ne pas confondre ce qui dans une nation ordonnée doit être distinct. On le rencontrait à la *Gazette de France*, dont Gustave Janicot avait fait le rendez-vous des hommes fidèles au Roi ; on le voyait à la *Vérité française*, chez Mlle Veuillot et auprès de M. Roussel, dont il fut le conseiller et l'ami. Lorsque le progrès de la persécution religieuse annonça la faillite de la politique du ralliement, il travailla à fonder le groupe Tradition-Progrès, en compagnie du marquis de La Tour du Pin, du général Récamier, du colonel de Parseval. MM. de La Tour du Pin et Fernand de Parseval maintinrent la direction des conférences qui s'y faisaient dans l'esprit de l'Oeuvre des Cercles à sa fondation.

Boyer de Bouillane mérita toute la confiance de la famille royale. Monseigneur Philippe d'Orléans (1869-1926), prétendant orléaniste au trône de France sous le nom de « Philippe VIII », lui en donna des preuves multiples ; ce Français, en échange d'une fidélité sans réserve, eut l'honneur de se sentir compris et aimé ; il comprit, de son côté, et il aima son Prince. Celui-ci s'enflammait au contact d'un homme si vibrant de vie française, débordant de joie, de vérité, de volonté ; il lui semblait entendre avec lui toute la France, il en oubliait les amertumes de l'exil.

À Paris, il put voir assidument le Duc de Vendôme et d'Alençon, Emmanuel d'Orléans (1872-1931), plus tard « premier prince du sang royal de France » pour les orléanistes. Son Altesse Royale l'avait choisi pour son conseil dans une affaire délicate qu'il put résoudre au gré de ses désirs. Le Prince eut le temps de l'apprécier et de lui donner des preuves multiples de sa confiance. La mort et du Prince et de son serviteur n'a pu briser leur union ; grâce à la bienveillance de LL. AA. RR. Mgr le Duc et Mme la Duchesse de Vendôme, elle s'est continuée sous une forme nouvelle.

Le 9 décembre 1905, le Parlement vota la loi concernant la séparation des Églises et de l'État. L'application ne se fit pas attendre. Le gouvernement de la République, qui déchirait, comme un vulgaire chiffon de papier, un traité le liant au Saint-Siège, eut l'audace de violer l'immunité diplomatique pour satisfaire les passions anticléricales. Ces actes pèseront éternellement sur la mémoire de Clémenceau. Le Souverain Pontife, dans ces circonstances douloureuses, avait besoin d'un jurisconsulte de grande autorité pour lui confier la défense de ses droits. Son choix se porta sur Boyer de Bouillane, qui fut mandé à Rome par dépêche en décembre 1906.

Pie X et son avocat étudièrent les questions en litige. L'unité de vue était parfaite. L'avocat apparut doublé d'un diplomate et d'un homme politique. Il rentra muni des pouvoirs nécessaires et nanti du chiffre diplomatique pour correspondre avec le Vatican. Ce fut quasi un nonce laïque ; bon nombre d'affaires, concernant les évêques, passaient par ses mains. Sa mission eut pour effet de mettre le Saint-Siège en possession de tous les papiers de la Nonciature, que le gouvernement de la République avait mis sous séquestre. Il eut à mettre sa signature et son sceau, à côté de ceux de l'ambassadeur d'Autriche, sur la caisse où on les enferma ; le Nonce du Souverain Pontife à Bruxelles avait ordre de les faire parvenir à Rome.

6

L'aboutissement d'une longue carrière

L e procès de la Haute-Cour et la défense des droits du Saint-Siège furent pour la carrière juridique de Boyer de Bouillane un couronnement, dont l'honneur rayonne sur sa famille. Ce sentiment s'ajoutait en lui à la volonté de remplir tout son devoir au service de l'Église et de son pays pour décupler sa puissance de travail. La vie souriait à cet homme de bien; il voyait les succès couronner son travail et ses mérites. Sa famille s'élevait avec lui, pendant que les fruits de son labeur enrichissaient sa tradition matérielle est spirituelle.

Paul Boyer de Bouillane fut fait Chevalier de l'Ordre de Saint-Grégoire-le-Grand, une décoration accordée par le Saint-Siège, à titre civil ou militaire. C'est l'ordre conféré ordinairement pour services politiques de défense des États pontificaux.

L'ordre est conféré à des catholiques (dans de rares cas à des non-catholiques), en reconnaissance de leur service à l'Église, de travaux inhabituels, de soutien au Saint-Siège, de leur bon exemple dans leurs communautés et pays. L'insigne de l'Ordre porte une représentation de Saint Grégoire sur l'avers et au revers la devise « *Pro Deo et Principe* » (Pour Dieu et le prince). Il est suspendu à un ruban rouge et or.

Il est décédé le 24 juillet 1908 au Château de Cuirieu, à Saint-Jean-de-Soudain (Isère), à l'âge de 60 ans, laissant aux siens et à ses amis le souvenir d'une existence fidèle aux trois mots de sa devise : « *Mon Dieu, mon Roi, ma Famille* ».[27] Les obsèques furent célébrées en l'église Saint-Louis de Grenoble au milieu de nombreux parents et amis ; plusieurs étaient venus de Paris et de divers côtés de la France. Sa Grandeur Mgr Paul-Émile Henry, évêque de Grenoble, tint à donner l'absoute. Le Duc d'Orléans se fit représenter par le comte de Miribel, son représentant dans l'Isère.

La fille du magistrat, Geneviève Boyer de Bouillane, devint la vicomtesse de Courville douze ans plus tard, en épousant Guy Marie Alfred Ignace Henri Bernard de Courville. Elle faisait partie du service d'honneur de S.A.R. Madame la duchesse de Vendôme lors des obsèques solennelles de S. A. R. le prince Emmanuel d'Orléans, duc de Vendôme et d'Alençon, plus tard « premier prince du sang royal de France » pour les orléanistes, célébrées le 14 février 1931 en la chapelle royale Saint-Louis de Dreux. Son frère, Charles Boyer de Bouillane, Capitaine de corvette de réserve et Chevalier de la légion d'honneur, était aussi présent à cette cérémonie où étaient réunis les membres les plus distingués de la haute noblesse.[28]

Le cadet du magistrat, Henry Boyer de Bouillane, Maréchal des logis du 37e Régiment d'Artillerie de Campagne, fut tué d'une balle à la tête, le 6 août 1916, au cours d'une reconnaissance

---

[27] Journal L'Écho Saumurois, 28 juillet 1908.

[28] Le journal Le Figaro, (15 février 1931) et le journal L'Express du Midi (13 février 1931).

faite pour y installer un canon de 37.[29] Son nom est gravé sur la plaque commémorative 1914-1918 se trouvant en l'église de Saint-Sulpice à Paris.[30] L'épouse du magistrat et conférencier, Jeanne Françoise Thérèse Nicolet, est décédée à Paris, à l'âge de 75 ans le 21 mars 1934. La cérémonie religieuse eut lieu en l'église de Saint-Sulpice, sa paroisse et l'inhumation au cimetière de La Tronche, près de Grenoble.

« C'est un bien rare honneur que d'avoir mérité les larmes des pauvres, celles des Princes, et celles du Pape ! De tels regrets consacrent à jamais une mémoire. »

– Cardinal de Cabrières, 1918

---

[29] Guerre de 1914-1918. Tableau d'honneur. Morts pour la France, Publications La Fare, Paris 1921.

[30] Sylvain Métivier. Mémorial Gen Web. Relevés de monuments aux morts, soldats et victimes civiles, français et étrangers, tués ou disparus par faits de guerre, morts en déportation, Morts pour la France, relevé n° 10997, 21 avril 2003).

II

Jean-Marc de Bouillanne

7

La révolte d'un Huguenot en Nouvelle-France

Il est de notoriété publique que tous les membres de la famille Boulianne et Bouliane vivant actuellement au Québec et en Amérique du Nord sont les descendants d'un seul et unique ancêtre, c'est-à-dire Jean-Marc de Bouillanne, dit le Suisse. Par contre, peu de gens connaissent la véritable histoire de cet ancêtre commun qui marqua à sa façon l'histoire de la Nouvelle-France.

Celui-ci est l'aïeul de plusieurs personnalités publiques au Québec, dont le réalisateur et scénariste québécois Bruno Boulianne, l'auteure Danielle Boulianne, le professeur de génétique moléculaire Gabrielle Boulianne, l'homme d'affaires Jean-François Boulianne, le politicien Marc Boulianne, le compositeur Denys Bouliane, l'actrice et comédienne Roxanne Boulianne, et la chanteuse mezzo-soprano Julie Boulianne.[31]

Jean-Marc Bouillanne est né le 1er février 1716 à Morges, dans le canton de Vaud, faisant alors partie de Berne en Suisse (archives du canton Vaud, registre des naissance de Morges – Eb 86/4 p.71).

---

[31] Wikipédia : http://fr.wikipedia.org/wiki/Boulianne.

Il est le cinquième d'une fratrie de six enfants, nés de Etienne de Bouillanne et de Jeanne (ou Bonne) Faucon, héritière dans la succession de son père Jacques Faucon, de Remollon en Dauphiné, réfugié à Lausanne, le 1er mars 1712. Jeanne Faucon est morte de caducité mardi le 3 décembre 1748 à Genève à 10 h du soir dans son immeuble de la rue du Temple, à Genève. Elle était âgée de 70 ans.

Contrairement à la croyance populaire, la famille de Bouillanne n'est pas originaire de la Suisse. Il s'agit plutôt d'une famille protestante, issue de la plus ancienne noblesse du Dauphiné, réfugiée à Lausanne, en Suisse, au moment de la Révocation de l'édit de Nantes, en 1685.

La Révocation de l'édit de Nantes aura un impact considérable sur la vie des de Bouillanne protestants, entraînant persécutions, condamnations et émigration... Un certain nombre des de Bouil-lanne quitteront définitivement la vallée de Quint pour la Suisse et l'Allemagne. Pour sa part, Etienne, tondeur de draps, quitta le Val de Quint avec son frère Barthélemy et son épouse Jeanne Faucon. À l'époque où Etienne décidait d'émigrer en Suisse, un dénommé Jacques de Bouillanne de Châteaudouble, nouveau converti, était condamné en vertu d'un arrêt du Parlement[32] et « *mené par le bourreau en chemise, pieds nus, un cierge de deux livres à la main, devant l'église cathédrale de Grenoble, pour demander pardon à Dieu, au roi et à la cour du Parlement. Il fut étranglé sur la place du Breuil, jeté au feu et ses cendres dispersées au vent comme sacrilège* ». Tout ceci parce qu'au moment d'avaler une hostie que lui offrait le

---

[32] Eugène Arnaud : Histoire des protestants du Dauphiné aux XVIe, XVIIe et XVIIIe siècles, page 16. Volume Troisième. Quatrième période: le désert, 1685-1791. Grassart, Paris 1875.

prêtre, saisi d'un remords de conscience, il l'avait rejetée dans son chapeau. Cet événement malheureux se déroulait le 28 septembre 1686.[33] C'est dans cette atmosphère de violence extrême que Etienne de Bouillanne décida d'émigrer en Suisse avec sa famille.

L'immeuble de Jeanne Faucon sur la rue du Temple, à Genève (Suisse). La famille Bouillanne a demeuré dans cet immeuble et Jeanne y est décédée mardi le 3 décembre 1748 à 10 h du soir.

Il ne faut pas omettre que le père de Jean-Marc Bouillanne était un contemporain et un cousin au cinquième degré d'Osée de Bouillanne, beau-frère du calviniste Amos de Ferre, celui que les catholiques ont accusé d'avoir été le « Maitre de Fanatisme » des petits prophètes. La famille de Ferre était presque entièrement acquise aux idées de la Réforme et beaucoup de ses membres exploitaient des verreries. Les auteurs catholiques la considérèrent

---

[33] Bulletin de la Société de l'histoire du protestantisme français, page 303. Documents historiques inédits et originaux XVIe, XVIIe et XVIIIe siècles. 8ième année. Paris 1859.

comme le résultat d'un plan conçu à l'étranger pour soulever une partie du royaume et obliger le roi à accorder le libre exercice de la religion réformée. Le plan en aurait été conçu à Genève et le nommé de Ferre aurait été chargé d'établir une « école de prophéties » dans le Dauphiné.[34]

Françoise de Bouillane, pour sa part, met en doute ces assertions puisqu'il n'y eut jamais la moindre enquête menée sur place par les autorités civiles et religieuses pour étayer la réalité des accusations. Par contre, elle écrit : « *Il est certain par ailleurs qu'Amos de Ferre a participé à ces assemblées du Désert qui se réunissaient sur la montagne de la Périère. Ces assemblées, provoquées plutôt par une réaction spontanée dans un contexte de violences matérielles et spirituelles intolérables, étaient dominées par le mouvement de mysticisme prophétique qui a marqué cette époque* ».[35]

Quoi qu'il en soit, c'est exactement à cette période que Etienne de Bouillanne et sa famille s'établirent sur la rue du Temple à Genève, à quelques pas seulement du Temple de St-Gervais. C'est aussi dans cette ambiance survoltée que Jean-Marc Bouillanne naquit, grandit et fit son apprentissage. Celui-ci ne put jamais oublier ses origines dauphinoise et l'histoire troublée de ses ancêtres immémoriaux... les Fils de l'Ours.

---

[34] Cilette Blanc : Genève et les origines du mouvement prophétique en Dauphiné et dans les Cévennes. Revue d'histoire suisse 1943.

[35] Françoise de Bouillane : La véritable histoire d'Amos de Ferre. Études drômoises, revue trimestrielle, n°34 de juin 2008, pages 18 à 21. Editions AUED, Valence.

8

Capitaine de milice en Nouvelle-France

E st-ce pour le goût de l'aventure, par envie d'enrichisse-ment ou simplement pour vivre sa religion librement ? Toujours est-il que le célibataire Jean-Marc Bouillanne décida de s'embarquer pour la Nouvelle-France, loin des persécutions du monarque français. À cette époque, 200 000 Huguenots (sur les 800 000 que comptait alors la France peuplée de 19 millions d'habitants) préférèrent prendre ainsi le chemin de l'exil plutôt que de se convertir.[36]

Tout nous porte à croire que le jeune Jean-Marc s'embarqua à partir de La Rochelle, alors ville et port d'allégeance protestante, où il aurait pu se sentir en sécurité. Il viendra s'établir à l'Île-aux-Coudres sur les rives du fleuve Saint-Laurent. Le 18 novembre 1739, il épouse à Petite-Rivière-Saint-François, Charlotte Savard, née vers 1714, fille de Joseph Savard et de Marie-Josephte Morel.[37]

Le 3 juillet 1742, il achète de Joseph Villeneuve une terre située à Petite-Rivière-Saint-François. Dans cet acte il se déclare

---

[36] Wikipédia : Refuge (protestantisme).

[37] Fichier Origine : Répertoire des actes des émigrants français et étrangers établis au Québec des origines à 1865. Fédération québécoise des sociétés de généalogie (FQSG) et la Fédération française de généalogie.

habitant de l'Île-aux-Coudres. Mais on sait qu'entre 1738 et 1750, soit approximativement la première décennie, Jean-Marc habita Petite-Rivière, les Éboulements et l'Île-aux-Coudres. Il devint un citoyen de plein droit de l'Île-aux-Coudres et le 17 juillet 1752, il signe avec d'autres habitants et les prêtres du Séminaire de Québec un acte concernant la construction d'un moulin à l'eau sur l'île.[38]

Le 17 juillet 1752, Jean-Marc Bouillanne signe avec d'autres habitants et les prêtres du Séminaire de Québec un acte concernant la construction d'un moulin à l'eau sur l'Île-aux-Coudres.

Si, en Nouvelle-France, les Canadiens répugnaient à s'enrôler dans les compagnies en garnison, ils n'ont, par contre, jamais

---

[38] Abbé Alexis Mailloux : Histoire de l'Île-aux-Coudres depuis son établissement jusqu'à nos jours, avec ses traditions, ses légendes, ses coutumes. Montréal 1879. Bibliothèque et Archives nationales du Québec, Grande Bibliothèque, cote : 971.449 M221h 1879 (en consultation).

hésité à servir dans la milice. En 1759, Jean-Marc Bouillanne est nommé capitaine de la milice de Baie-Saint-Paul, compagnie St-Vincent. Le grade de capitaine de la milice est convoité à cause de l'honneur qui en découle et de l'influence considérable qu'il permet au porteur d'exercer dans les affaires communautaires. C'est, en général, un homme qui jouit d'une certaine popularité et dont la bravoure est reconnue, car il est notoire que les fiers Canadiens n'obéissent qu'à ceux qu'ils respectent.[39]

Aux colonies où, comme en France, le port de l'épée est réservé aux militaires et aux gentilshommes, il y a droit aussi et il doit porter le hausse-col doré. À l'instar des seigneurs et des religieux, les capitaines de milice n'ont pas à payer les taxes royales et sont exemptés de l'obligation de loger des soldats chez eux. On les dispense aussi de travailler manuellement aux corvées, bien qu'ils doivent assumer la responsabilité de les faire accomplir.[40]

En Nouvelle-France, le capitaine de milice est généralement un des principaux habitants de la paroisse. Il détient plus de biens mobiliers et immobiliers que le paysan moyen. Il ne faut pas négliger que l'homme qui accède à ce poste jouit déjà d'une certaine popularité, il sait lire et écrire et possède une relative aisance financière car le poste n'est pas rémunéré. Ce poste requiert tout de même une certaine compétence militaire puisque le capitaine doit faire l'appel des miliciens, mener les manœuvres militaires dont l'entraînement physique, la « drill », etc.[41]

---

[39] Batailles de 1759 et 1760 : Armée française, Canadiens et Amérindiens. La milice. Commission des champs de bataille nationaux, Plaines d'Abraham.

[40] Passerelle pour l'histoire militaire canadienne, Annexe B: La vie quotidienne en Nouvelle-France. Les capitaines de milice. Gouvernement du Canada, 2011.

[41] Gilles Laporte : La milice canadienne à l'époque des Rébellions. Les Patriotes de 1837@1838. Les Rébellions du Bas-Canada. 20 mai 2000.

Le 28 mai 1759, les forces anglaises s'installent à l'Isle-aux-Coudres, qui leur servira d'avant-poste durant tout le printemps et l'été, avant la bataille des plaines d'Abraham, et leur permettra de bloquer toute arrivée de renfort par le fleuve.[42] Le 6 juin, Pierre Savard et Jean-Marc Bouillanne se rendent à l'île « *qu'à nuit toute noir* », et réussissent à capturer trois soldats anglais. Ils sont remis le lendemain à Joseph Boucher de Niverville qui les ramène à Québec. Ils fournissent alors des informations sur la flotte britannique qui arrive.[43]

Vers le 20 juin, le capitaine Bouillanne informe ses miliciens qu'ils doivent se rassembler à Québec car le gouverneur général, Pierre de Rigaud de Vaudreuil, croit qu'au premier vent favorable, la flotte anglaise débarquera. Ils auront pour tâche de défendre Québec et ses alentours des attaques et des bombardements incessants des Anglais. Vers la mi-juillet, au grand soulagement de la population réfugiée dans les bois, une partie de la milice de L'Isle-aux-Coudres et de Baie-Saint-Paul revint avec ordre d'observer et de rapporter les allées et venues des Anglais entre Québec et leur base de ravitaillement sur L'Isle-aux-Coudres.[44]

Le 3 août, après le crépuscule, Jean-Marc Bouillanne et ses hommes prirent la direction de l'île où étaient toujours cantonnés une partie de la flotte anglaise. Arrivé sur l'île, Bouillanne changea

---

[42] Serge Gauthier : Un épisode guerrier à Baie Saint Paul en 1759. Histoire Québec, vol. 9, n° 1, 2003, p. 7.

[43] Jean-Claude Hébert : Le siège de Québec en 1759 par trois témoins. Éditions du Ministère des affaires culturelles, 1972. Série Place Royale, 1972, page 59. Section 2 : « Siège de Québec, Notes du capitaine Schomberg, copie d'un manuscrit déposé à la bibliothèque de Hartwell en angleterre, Éditions des Presses de Fréchette & Cie., Québec, 1836 ».

[44] Richard Harvey : La Conquête (1759-1762). Histoire des Harvey québécois.

brusquement de camp et monta sur une frégate anglaise. Comprenant la traîtrise de Bouillanne le groupe d'hommes retourna à son embarcation. L'auteur anonyme du Journal du siège de Québec écrivait le 4 août 1759 : « *Je viens d'apprendre par des habitants de la Baie-Saint-Paul que le nommé Suisse, officier de milice de cette paroisse, avait parti en canot avec six habitants du lieu pour essayer à faire quelques prisonniers à l'Île-aux-Coudres, et qu'aussitôt qu'ils furent à terre, le dit Suisse avait déserté ; les ennemis s'embarquèrent aussitôt pour venir couper chemin à nos gens, qui heureusement se sauvèrent* ».[45]

Les Anglais dirigés par le capitaine Joseph Goreham et ses «British imperial Rangers» débarquent sur la rive de Baie-Saint-Paul le 9 août 1759. Les soldats anglais incendient toute la côte et ils brûlent plus d'une cinquantaine de fermes et de granges. Ils rasent tous les bâtiments existants à la Malbaye. Dans le but d'affamer la population, la plus grande partie du bétail est tuée. Cependant, les Anglais ne font pas brûler l'église paroissiale et le manoir seigneurial de Baie-Saint-Paul. C'est Jean-Marc Bouillanne qui dirigea les soldats dans cette oeuvre de destruction. Le capitaine John Knox, parlant des incendiaires de la Baie-Saint-Paul, écrit dans son Journal des campagnes en Amérique du Nord: « *They had a Swiss for their guide, who had been a Captain of militia, also a resident for several years in the township of St. Paul, and deserted from the enemy some time before* ».[46]

---

[45] Journal du siège de Québec du 10 mai au 18 septembre 1759, publié et annoté par Aegidius Fauteux, bibliothécaire de Saint-Sulpice. Québec 1922, p. 50.

[46] John Knox : An historical journal of the campaigns in North America for the years 1757, 1758, 1759, and 1760. Volume II, London 1769, p. 5 et p. 27.

L'Anse au Foulon, à Québec. Henry Richard S. Bunnett, 1887.

Par la suite, Jean-Marc Bouillanne est supposé avoir aidé le général James Wolfe et son armée à se rendre à Québec. Mais le professeur Charles P. Stacey émet un doute : *«À maintes reprises, on a prétendu que l'existence de ce sentier* [à l'Anse au Foulon] *avait été indiquée par un traître mais aucune preuve n'a jamais été avancée».*[47] Le 13 septembre 1759, pendant deux heures, quatre-milles-cinq-cents soldats réguliers, les miliciens de la Côte-de-Beaupré, de Baie-Saint-Paul et de l'Isle-aux-Coudres, ainsi que des alliés indiens traversèrent un pont de bateaux qui enjambait la rivière Saint-Charles et se mirent en ligne devant les murs de Québec. Le sort de la Nouvelle-France allait se jouer dans les heures qui suivraient.

---

[47] Charles P. Stacey : « *Étude préliminaire : Les forces armées anglaises en Amérique du Nord pendant la guerre de Sept Ans. François-Charles de Bourlamaque. William DeLaune. George Scott. James Wolfe* » (1974). Publié dans le Dictionnaire biographique du Canada, vol. 3, Université Laval/University of Toronto, 2003. Année de la révision: 2015.

9

Geste de traitrise... ou Acte de vengeance ?

Valmond Bouliane se demandait à juste titre : « *Jusque là, Jean-Marc est un homme bien intégré dans son milieu, respecté, allié aux meilleures familles, capitaine de milice et apprécié par le gouverneur Vaudreuil lui-même. Arrive 1759, il se retourne et gagne le côté des Anglais. Pourquoi ! Comment expliquer cela, que se passe-t-il, quelle est sa motivation ? À mon avis, l'interprétation la plus plausible, qui puisse éclairer la conduite adoptée par Jean-Marc est la suivante : il est d'abord et avant tout un protestant* ».[48] C'est ce que suggère aussi Samy Khalid lorsqu'il écrit : « *Bouillanne a-t-il changé de camp pour être libre de pratiquer sa religion ? Avant son arrivée en Nouvelle-France vers 1738, donc à l'âge adulte, il avait eu amplement le temps d'apprendre et de pratiquer les préceptes protestants* ».

Considéré comme étant un déserteur, Jean-Marc Bouillanne dit le Suisse est vu dans l'historiographie canadienne-française comme un traître « ignoble », coupable de conspiration et d'intelligence avec l'ennemi. S'il avait été capturé par les Français, il était passible de la peine de mort. Dans le camp anglais, par

---

[48] Valmond Bouliane : Du Val de Quint à la Vallée du Saint-Laurent, publié par l'Association des familles Bouliane Inc., ISBN: 2980724203, 578 pages, 1996.

contre, l'accusation est moins sévère : en 1759, Bouillanne n'est pas critiqué comme un transfuge, un traître qui abandonne les siens pour se donner à l'ennemi, mais comme un apostat qui reconnaît ses torts, renonce au parti des Français (les ennemis) et prend la décision (juste et louable) de rejoindre les Anglais.[49]

L'auteur anonyme du Journal du siège de Québec écrit, le 4 août 1759, que « *le dit Suisse avoit déserté* », sans porter aucun autre jugement. C'est semble-t-il seulement à partir d'Aegidius Fauteux, annotateur du Journal du siège de Québec, que Bouillanne est attaqué et diffamé : « *Parmi les traîtres de l'époque il [le Suisse] apparaît bien l'un des plus ignobles* ». L'historien et archiviste Pierre-Georges Roy se dit parfaitement d'accord avec les affirmations du président de la Société historique de Montréal.[50] Ces deux historiens ont manqué à leurs devoirs académiques en faisant fi du passé historique et familial du principal intéressé.

Il est pourtant clair que Jean-Marc Bouillanne n'a pas posé un geste de traîtrise envers le peuple canadien-français, mais plutôt un acte de vengeance contre cette monarchie capétienne qui aura tant fait souffrir sa propre famille. En effet, à peine quatorze ans avant les événements à l'Île-aux-Coudres et à Baie-Saint-Paul, plusieurs membres de la famille Bouillanne furent condamnés aux galères et déchus de leur noblesse par le roi de France : « *En*

---

[49] Samy Khalid : Les Suisses, révélateurs de l'imaginaire national canadien. *Construction identitaire et représentations de la citoyenneté à travers l'expérience des migrants Suisses au Canada*(XVIIe – XXe siècles). Thèse présentée à la Faculté des études supérieures et postdoctorales à titre d'exigence partielle en vue de l'obtention du doctorat pluridisciplinaire en histoire et en études canadiennes. Université d'Ottawa, Ottawa, Canada 2009.

[50] Les Cahiers des Dix, Volume 1. Les traîtres de 1759, par Pierre-Georges Roy, pp. 57-58. Société des Dix, Montréal 1936.

1744, un nouveau procès, intenté par les consuls et porté également devant la cour souveraine de la province [de Dauphiné], aboutit à un résultat inattendu. Tous ceux que leur exemption de l'impôt rendait jaloux — bien qu'appartenant eux-mêmes, pour la plupart, à la religion réformée, accusèrent les Bouillanne d'avoir contrevenu aux édits royaux qui défendaient d'assister aux assemblées du Désert. Les juges entrèrent avec empressement dans cette voie nouvelle ».[51]

EXTRAIT DES REGISTRES DE LA COUR DE PARLEMENT, AYDES ET FINANCES DE DAUPHINE'.

NTRE le Procureur Général du Roy, Demandeur en cas de contravention aux Edits & Déclarations de Sa Majesté concernant la Réligion d'une part. Et les nommés Jacques Cherfils du lieu de St. Andéol en Quint, Mathieu Bouillanne, Jean de Bouillanne du lieu de Saint Jullien audit Quint & Jean de Richaud du lieu de Quint, détenus dans les Prisons de la

Arrêt de la Chambre des vacations du 6 novembre 1745.

Un arrêt de la Chambre des vacations du 6 novembre 1745 condamna alors les Bouillanne par défaut aux galères perpétuelles et à la déchéance de noblesse, pour contravention aux édits et ordonnances du roi concernant la religion.[52]

Comment Jean-Marc Bouillanne aurait-il pu ignorer les malheurs de ses cousins et de ses coreligionnaires en Europe ? N'allons pas croire qu'il était maintenu dans l'ignorance et qu'il ne recevait aucune nouvelle de sa mère, de ses oncles ou de

---

[51] MM Eugène et Émile Haag : La France protestante. Tome 2, page 987. Deuxième édition. Librairie Sandoz et Fischbasher. Paris 1879.

[52] Arrêt de la Chambre des vacations du 6 novembre 1745. Extrait des Registres de la Cour de Parlement, Aydes et Finances de Dauphiné, page 172 du document.

ses soeurs et frères demeurés en France, en Allemagne et en Suisse. N'oublions pas qu'il était arrivé en Nouvelle-France depuis quelques années seulement lorsque la condamnation tomba sur les Bouillanne en 1745. Comment aurait-il pu – en toute connaissance de cause – vouloir tant défendre les intérêts de ce roi de France qui se faisait lui-même l'ennemi de sa famille? Samy Khalid le souligne : « *la notion d'allégeance était beaucoup plus souple au XVIIIe siècle. Avant l'exaltation du sentiment national, à une époque où l'attachement au monarque était moins assurée que l'appartenance religieuse, le seul mécanisme de contrôle était le serment de loyauté* ».[53]

C'est bien un esprit de vengeance qui animait Jean-Marc Bouillanne, et non pas une volonté de trahir les Canadiens-français. Il ne fut jamais inquiété par la suite, et sa descendance continua à s'allier avec les plus anciennes familles canadiennes : les Tremblay, les Caron, les Savard, les Miville, etc. Son arrière-petit-fils, Louis-Joseph Boulianne, fut l'un des 21 membres de la Société des vingt-et-un, qui fondèrent le Saguenay–Lac-Saint-Jean, tandis que sa petite-fille Theotiste et son arrière-petite-fille Marie-Modeste épousèrent deux autres membres de cette même société d'investisseurs (Joseph et Alexis Temblay, dit le Picoté).

Jean-Marc Bouillanne quittera l'Île-aux-Coudres et terminera sa vie sur la côte du Sud où, comme le laisse entendre Jean-Paul-Médéric Tremblay, il aura peut-être été le représentant de Malcolm Fraser. Il mourut en 1796.

---

[53] A.J.B. Johnston, Borderland Worries: Loyalty Oaths in Acadie/Nova Scotia, 1654-1755, French Colonial History, vol. 4, 2003, p. 31-48 (citation p. 37).

Huit ans avant son décès, quinze membres de la famille Bouillanne furent vivement acclamés par les représentants des Trois Ordres (noblesse, clergé et Tiers Etat) de Grenoble et du Dauphiné se réunissant dans la salle du Jeu de Paume, au Château de Vizille. Bien qu'habillés en paysans, les cheveux non poudrés, ils furent reconnus par l'assemblée comme appartenant à la plus ancienne noblesse du Dauphiné, et ils furent reçus avec tous les honneurs dus à leur rang. Fruit du destin, cette assemblée préfigurera la Révolution française qui allait faire tomber la tête du Capétien peu de temps après.[54]

« L'histoire possède sa propre logique et elle poursuit sa longue route au fil des siècles. »

jean marc Bouillianne dit Suisse

---

[54] Histoire de Montélimar et des principales familles qui ont habité cette ville, par Adolphe Coston (Baron de). Volume 4. Montélimar 1886, p. 23.

10

À propos de la stèle érigée à l'Île-aux-Coudres, au Québec

J e me permets de faire un commentaire tout-à-fait personnel. La stèle érigée le 13 juin 2013 à l'Île-aux-Coudres par l'Association des familles Boulianne Inc., en hommage à Jean-Marc de Bouillanne, est une véritable insulte à sa mémoire ! Le blason qui y figure n'est pas celui de notre famille, mais bien celui de cette seule association.

Comparatif entre la stèle érigée en 2013 à l'Isle-aux-Coudres par l'Association des familles Boulianne Inc, et celle érigée dans la Drôme par l'Association des Richaud et des Bouillanne.

Et comment cette dernière a-t-elle pu commettre une erreur typographique aussi grossière dans le nom de notre ancêtre ?! (*Bouillianne au lieu de Bouillanne*). De plus, cette stèle ressemble plus à une stèle funéraire qu'à un monument honorifique. À mon avis, celle-ci n'a aucun fondement historique et devrait être détruite.

III

La famille Planta de Wildenberg

11

La famille Bouillanne est-elle liée à la famille Planta de Wildenberg ?

Mardi le 9 août 2016, j'ai fait la demande d'une analyse ADN-Y (25 marqueurs), couplée à une analyse ADN autosomal chez Family Tree DNA. Ceci me permettrait bientôt de connaître la souche de mes ancêtres de façon quasiment irréfutable. L'analyse ADN autosomal est conçue pour trouver des parents toujours vivants, sur l'ensemble de nos lignes ancestrales au cours des cinq dernières générations. Six semaines plus tard, je recevais les résultats de cette analyse ADN autosomal. Selon ces premiers résultats génétiques, mes origines sont strictement européennes.

Cette première analyse confirme aussi que je compte parmi mes ancêtres paternels un dénommé Nicolas Plante (mon arrière-grand-père au 10e degré), époux de Isabelle-Elisabeth Chauvin (1601-1646). Ceci conforte déjà mes doutes sur les liens possibles entre la famille Bouillanne et les Plante, Plant, Planta et/ou Plantard (consulter le site internet : House of Names).

À gauche le blason de la famille Bouillanne (Bouillanne), à droite le blason de la famille Planta (Plant, Plantard), selon l'Heraldrys Institute of Rome.

En effet, j'ai le pressentiment que les Bouillanne et les Planta ont la même origine ancestrale datant du IXe siècle. Les Bouillanne et les Planta ont habité les mêmes régions, c'est-à-dire le Dauphiné en France, et la Suisse. Les deux familles ont participé à l'Assemblée de Vizille en 1788, qui préfigura la Révolution Française et elles possèdent le même meuble sur leurs blasons respectifs, c'est-à-dire la Patte d'Ours. Comme par hasard, Pierre-Paul-Dominique-Henri Boyer de Bouillane et Joseph de Planta de Wildenberg étaient tous les deux des membres titulaires de la Société d'archéologie, d'histoire et de géographie de la Drôme au XIXe siècle.

Récemment, j'ai contacté le dernier représentant de la famille Planta de Wildenberg en France, ainsi qu'un membre important de la famille Planta en Suisse. Mon but étant de débuter un projet de triangulation de la signature d'un ancêtre commun. Comme l'écrit le dirigeant du projet ADN Héritage Français : « *la signature ADN-Y du chromosome Y est possédée uniquement par les hommes. Elle se transmet de père en fils depuis des millénaires. Tous les hommes qui descendent d'un même ancêtre commun qui aura vécu assez récemment, possèdent ou partagent en commun la signature de cet ancêtre. Bien sûr, il existe de légères différences entre les signatures individuelles; mais dans l'ensemble il est possible de constater qu'elles partagent des éléments essentiels indiquant qu'elles proviennent d'un même ancêtre commun* » (Jacques P. Beaugrand, Généalogie par ADN).

Je précise que je suis en contact permanent avec Monsieur Jean-Pierre Gendreau-Hétu. Faisant suite à mon article au sujet de notre ancêtre Jean-Marc Bouillanne, celui-ci m'écrivait dans un premier courrier daté du 26 septembre 2016 : « *J'apprécie votre précision historiographique, notamment en ce qui a trait au contexte qui conduit le pionnier Jean-Marc Boulianne à joindre les forces combattant pour la couronne anglaise. L'idée même du régiment Royal-Américain, né dans l'esprit d'une confrérie militaire suisse et protestante, peut difficilement être totalement étranger à cette décision. Jean-Marc Boulianne a rapidement été mis au fait des Prevost, Bouquet, Haldimand, outre l'influence d'un francophone tel que le Néerlandais Samuel Holland(t) aux côtés de James Wolfe et du pilote basque Martin Chiniquy, autre « traître » célèbre et futur beau-frère de Samuel Holland. Des Suisses ont certainement dû prendre part aux premières opérations de renseignement auprès de la population et Boulianne n'a pu y être insensible* ».

Jean-Pierre Gendreau-Hétu pratique la généalogie par ADN depuis plusieurs années et il a co-administré le Projet ADN Héritage français (ADNHF). Il en fut notamment le directeur du Catalogue des signatures ADN ancestrales. M. Gendreau-Hétu est linguiste spécialisé en anthroponymie et possède une scolarité de doctorat de l'Université de Montréal. Il collabore actuellement avec la Fédération des associations de famille du

Québec (FAFQ), avec laquelle un projet de généalogie par ADN est présentement échaffaudé : Projet Québec ADN. Des articles publiés dans L'Outaouais généalogique détaillent quelques-unes de ses recherches initiales dans le domaine de la G/ADN. Voici un article de vulgarisation écrit l'an dernier pour l'association Les descendants de Pierre Miville : www.genealogie-miville-deschenes.com.

Au moment où j'écrivais ces lignes, j'attendais encore les résultats de l'analyse ADN-Y 25 marqueurs qui devaient arriver sous peu. Cette analyse, qui consiste en un petit prélèvement de salive, pourrait confirmer de façon définitive si les de Bouillanne et les Planta descendent ou non d'un ancêtre commun. Avec l'obtention des résultats ADN typiques du chromosome Y, des concordances ADN nous seront peut-être fournies entre la famille Planta et la famille Bouillanne de la diaspora franco-suisse et nord-américaine. Ces concordances privées viendront avec des coordonnées qui ouvrent une porte à l'acquisition de nouvelles informations. Jean-Pierre Gendreau-Hétu partageait ainsi sa pensée avec moi :

« Vous écrivez que vous avez été longtemps en relation avec le Président de l'Association des Bouillanne et des Richaud en France. La possibilité d'établir la signature ancestrale semble donc réalisable de façon transatlantique : si vos résultats ADN concordent avec ceux d'un Bouillanne de France, l'affaire serait dans le sac. Il s'agit alors d'avoir des ascendances documentées et convergeant sur un ancêtre commun. Il est alors possible d'inférer logiquement qu'il s'agit de la signature ancestrale héritée de l'ancêtre. J'espère que cette expérience réussira! Vous pourriez réussir à établir une des plus anciennes signatures ADN-Y de France connues à ce jour! ».

12

Les familles Planta de Wildenberg et Bouillanne sont-elles unies par le sang ?

« *Vers 880 les ducs d'Aquitaine étaient devenus très puis-sants. Sigisbert IV eut un fils Sigisbert VI appelé prince Ursus. Lorsqu'il fut nommé roi, il monta une insurrection contre le roi Louis II, il fut aidé par Bernard d'Auvergne et par le marquis de Gothie. Ursus mourut en Bretagne vers la fin du IXè siècle. Le sang mérovingien coulait dans les veines des ducs de Bretagne et d'Aquitaine. Une partie de cette famille partit pour l'Angleterre où elle fonda la branche appelée Planta.* » — *Extrait du site internet Histoire de France, Descendance des Mérovingiens, 1996.*

J e recherche des membres de la famille **Planta** et/ou **Planta de Wildenberg** qui accepteraient de faire une analyse de ADN-Y généalogique en laboratoire, par l'entremise de l'entreprise américaine Family Tree DNA, pour établir de façon définitive si – oui ou non – cette famille est liée à la famille Bouillanne. En effet, j'ai le pressentiment que les Bouillanne et les Planta ont la même origine (IXe siècle). Les Bouillanne et les Planta ont habité les mêmes régions, le Dauphiné (en France) et la Suisse. Nous avons participé à l'Assemblée de Vizille en 1788, qui préfigura la Révolution Française et nous possédons le même meuble sur nos blason réciproques, c'est-à-dire la Patte d'Ours.

Comme par hasard, Pierre-Paul-Dominique-Henri Boyer de Bouillane et Joseph de Planta de Wildenberg étaient tous les deux des membres titulaires de la Société d'archéologie, d'histoire et de géographie de la Drôme.

J'ai récemment obtenu mes résultats ADN-Y chez Family Tree DNA. Si un membre de la famille Planta et/ou Planta de Wildenberg décidait de prendre aussi un test ADN (qui consiste en un petit prélèvement de salive), cela pourrait confirmer de façon définitive si nous descendons ou non d'un ancêtre commun. La généalogie par ADN, bien établie en Suisse, permet d'y pousser les travaux. Les archives très riches de la Confédération helvétique permettent en outre d'espérer quelques réponses documentaires sur les origines de la famille. Avec l'obtention des résultats ADN typiques du « chromosome Y », des concordances ADN nous seront peut-être fournies entre la famille Planta, Planta de Wildenberg et la famille Bouillanne de la diaspora franco-suisse et nord-américaine. Ces concordances privées viennent avec des coordonnées et ouvrent une porte à l'acquisition de nouvelles informations.

13

Bouillanne et Planta de Wildenberg

Les membres de la famille Planta de Wildenberg ont très souvent côtoyé les membres de la famille Bouillanne. Par exemple lors de la représentation de La Gageure imprévue de Sedaine, et Le Faucon et les Oies de Boccace de la Drevetière de l'Isle, au théâtre la Petite Scène durant laquelle on reconnaissait dans l'assistance le baron et la baronne de Planta de Wildenberg, ainsi que Marie Boyer de Bouillane (fille du célèbre magistrat), dame d'honneur, représentant Son Altesse Royale Madame la duchesse de Vendôme.[55]

Nous les retrouvons encore une fois dans une alliance commune par le biais des familles Angleys et du Pré de Saint-Maur. En effet, un fils d'Henry Angleys, Gabriel Angleys né en 1928 (et encore vivant) a épousé Monique du Pré de Saint-Maur née en 1935 (et encore vivante). Or, la sœur de Monique, Jacqueline du Pré de Saint-Maur (1920-2005) avait épousé Philippe Boyer de Bouillane né en 1921. Ce Philippe Boyer de Bouillane est un fils de Charles Boyer de Bouillane (1885-1940), et donc un petit-fils de Paul Boyer de Bouillane (1848-1908).

---

[55] André du Fresnois : La Revue critique des idées et des livres, tome XXI, No. 122, 10 mai 1913, pp. 330-331).

Barberaz
Noces d'Argent d'Auguste et Jeanne Angleys - Septembre 1907

La photo ci–dessus, gentiment remise par Monsieur **Pierre X. Angleys**, date de septembre 1907. Elle a été prise à Barberaz, près de Chambéry en Savoie, où les Angleys possédaient la villa Vermont construite par Jean–Marie, 1er baron Angleys (1813-1886) et père de Ferdinand. On peut voir sur cette photo, assise à la droite d'Ursule, Marie de Planta de Wildenberg (1872-1954), l'épouse d'Henri Rivérieulx de Chambost de Lépin (1871-1951). Il y avait eu fête ce jour-là et c'est l'occasion de la photographie de groupe. En effet on célébrait les noces d'argent (25 ans de mariage) d'Auguste Angleys (1854-1917), frère cadet de Ferdinand, avec Jeanne Rivérieulx de Chambost de Lépin (1854-1926), sœur aînée d'Henri Rivérieulx de Chambost de Lépin.

60

Monsieur Angleys a rassemblé la correspondance d'Ursule Novel, baronne Angleys, écrite entre 1894 et 1925.[56] Nous y retrouvons deux références à la famille **Boyer de Bouillane** : la première référence se trouve parmi les Extraits de lettres supplémentaires, à la page 68 du Tome 6 (chronologiquement en 1910). La deuxième référence se trouve dans une lettre d'Ursule Angleys à sa fille Paule et se trouve à la page 104 du Tome 4 (écrite en 1916).

Nous retrouvons aussi dans cette correspondance trois références à la famille **Planta de Wildenberg**. Hormis la photo ci-contre, ce nom apparaît en note à la page 10 du Tome 2 de l'ouvrage, tandis que la troisième référence apparaît en note à la page 37 du Tome 5, à propos du couple des Henri de Chambost qui résidait à Montélimar.

Ces Chambost étaient alliés aux Angleys de la manière suivante. Le frère cadet de Ferdinand Angleys (l'époux d'Ursule Novel) était Auguste Angleys. Auguste Angleys avait épousé en 1882 Jeanne Rivérieulx de Chambost de Lépin (1854-1926) dont le frère cadet était Henri Rivérieulx de Chambost de Lépin, l'époux de Marie de Planta de Wildenberg. Dans un message daté du 10 octobre 2016, Pierre X. Angleys m'écrivait : « *Je vous autorise à partager l'information généalogique que je vous ai communiqué sur votre site Internet, de façon à ce que toute personne comme vous ou moi passionnée de généalogie puisse en profiter gratuitement, comme vous l'avez fait de façon remarquable avec votre propre site* ».[57]

---

[56] Pierre X. Angleys : Correspondance d'Ursule Novel, baronne Angleys écrite entre 1894 et 1925. Édition en 6 tomes préparée par Pierre X. Angleys, 120 pages chacun, donc 720 pages au total, au format A4.

[57] Aucune personne n'est autorisée à utiliser l'information textuelle de la correspondance d'Ursule Novel (1894 – 1925), c'est-à-dire les extraits de lettres, à des fins commerciales.

Selon moi, s'il y a des liens ancestraux entre les Bouillanne et les Planta de Wildenberg (ou Planta), ceux-ci dateraient possiblement du IXe siècle, et seules les analyses ADN-Y génétiques pourront le confirmer. Cela dit, les Boyer de Bouillane n'ont pas de lien de sang avec la famille, puisque ce sont des cousins par adoption. Aucune analyse ADN n'a donc à être effectuée sur eux en ce sens, puisqu'ils n'ont pas de lien de parenté directe avec les Bouillanne (Boulianne ou de Bollanicis).

Je suis donc à la recherche active des descendants de la famille Planta et Planta de Wildenberg. J'ai déjà écrit à quelques membres de cette famille en France et en Suisse, parmi lesquels nous retrouvons des avocats et des banquiers de renom. J'espère recevoir des réponses sous peu. J'ai aussi lancé quelques «*bouteilles à la mer*» sur des sites internet généalogiques tels que Généalogie.com, Généatique.com, Généanet.org et NosOrigines.qc.ca. En espérant que toutes ces démarches apporteront des résultats concluants.

IV

L'haplogroupe G-M201

14

ADN-Y : Richard III, roi d'Angleterre, était porteur de l'haplogroupe G-M201

Richard III (2 octobre 1452 – 22 août 1485) est le dernier roi d'Angleterre de la maison d'York et de la dynastie des Plantagenêt, de 1483 à sa mort. Frère cadet du roi Édouard IV, titré duc de Gloucester en 1461, Richard usurpe le pouvoir à la mort de son frère au détriment de ses neveux Édouard V et Richard de Shrewsbury, qu'il fait enfermer à la Tour de Londres et peut-être exécuter. Durant son bref règne, marqué par plusieurs soulèvements, il gouverne avec énergie et compétence. Il trouve la mort à la bataille de Bosworth contre le dernier prétendant de la maison de Lancastre, Henri Tudor, qui lui succède sur le trône.

Plantagenêt est le surnom d'une dynastie princière issue de la première lignée des comtes d'Anjou, les Ingelgériens, et de la Maison de Châteaudun. Ses membres furent aussi comtes du Maine, puis par mariage rois d'Angleterre, ducs de Normandie et finalement ducs d'Aquitaine.

Plantagenêt est d'abord le surnom personnel de Geoffroy V, comte d'Anjou et du Maine (1128-1151). L'origine de ce surnom est inconnue et ne fait pas l'unanimité chez les historiens. Selon une théorie, il ferait allusion au genêt qu'avait l'habitude de porter à son chapeau. Le nom est attesté pour la première fois chez Wace: «*Gisfrei son frere Que l'on clamout Plante Genest*». Par la suite, il a été attribué rétrospectivement à tous ses descendants par les mâles (lignée agnatique). Au XVe siècle, pour faire valoir ses droits à la couronne, le duc Richard d'York reprit le nom de Plantagenêt, et son fils devint en 1461 le roi Édouard IV d'Angleterre.

Les Plantagenêt sont une branche de la Maison de Châteaudun ; ils ne sont pas de la lignée des Ingelgériens mais s'y rattachent en ligne féminine ; ils sont en effet issus du mariage d'Ermengarde d'Anjou, fille de Foulque III Nerra, comte d'Anjou, avec Geoffroy II du Gâtinais, de la Maison de Châteaudun. Geoffroy III, Foulque IV, Geoffroy IV, Foulque V poursuivirent leur œuvre. On désigne parfois ces comtes sous le nom de Plantagenêt pour signifier qu'il s'agit d'une seule et même lignée agnatique, bien que ce surnom n'apparaisse qu'avec leur descendant Geoffroy V. Les Plantagenêt, successeurs des Ingelgériens, constituent la deuxième maison des comtes d'Anjou. Les Plantagenêt étant, par les mâles, une branche de la Maison de Châteaudun, on considère généralement qu'ils sont issus de la famille franque des Rorgonides, possiblement liée aux premiers robertiens. Par leur branche maternelle de la première maison des comtes d'Anjou, les Plantagenêt sont issus cognatiquement de la noblesse franque, les Ingelgériens.

15

Découverte et réinhumation du corps de Richard III

En août 2012, des archéologues de l'université de Leicester entament des fouilles à la recherche des restes du roi sous un parc de stationnement de cette ville. Les historiens pensaient déjà que le roi avait été enterré à Leicester dans une chapelle qui fut démolie au XVIe siècle. Un squelette est mis au jour le 12 septembre.

Des analyses anthropologiques menées d'une part par l'ostéologie (Richard III était réputé bossu, car souffrant depuis l'adolescence d'une scoliose, maladie qui laisse des traces sur la colonne vertébrale), d'autre part par des analyses ADN, ont permis d'identifier formellement le squelette comme celui de Richard III. L'ADN du squelette a été comparé avec celui des canadiens Michael, Jeff et Leslie Ibsen, descendants en droite ligne d'Anne d'York, la sœur aînée de Richard.[58] L'annonce de ces résultats a été faite le 4 février 2013 par le département d'archéologie de l'université.[59]

---

[58] Agence France Presse : Richard III enterré en Angleterre cinq siècles après sa mort. Le Nouvel Observateur, 26 mars 2015.

[59] Université de Leicester : The Discovery of Richard III. Leicester, Royaume-Uni.

Les examens du squelette donnent plusieurs renseignements sur la personne et la mort de Richard. Sa scoliose avait considérablement déformé sa colonne vertébrale, donnant au roi une posture inhabituelle, non pas courbée, mais asymétrique, avec une épaule plus haute que l'autre. L'analyse de la mâchoire révèle que Richard avait perdu plusieurs molaires avant sa mort, probablement en raison de caries.

L'homme est mort de nombreuses blessures mais aucune n'a été causée sur son visage même, ce qui permet aux scientifiques de reconstituer ce visage qu'aucun portrait contemporain n'a représenté. En revanche, l'homme a vraisemblablement été tué par le coup d'une hallebarde à l'arrière du crâne, près de l'attache de la colonne vertébrale, causant une large fracture. Un autre coup, porté celui-ci par une arme pointue au sommet du crâne, légèrement vers l'arrière, peut aussi être considéré comme mortel. Cinq autres blessures mineures ont aussi été relevées sur ce crâne.

Quelques jours après les analyses, une reconstitution du visage entreprise par des scientifiques de l'université de Dundee (Écosse) est présentée au public. Le 4 septembre 2013, la publication d'une étude réalisée par le Dr Piers D Mitchell, du département d'archéologie et d'anthropologie de l'Université de Cambridge, révèle que Richard III était atteint d'ascaridiose.

En décembre 2014, la poursuite de l'examen de l'ADN de Richard III met en évidence une rupture dans la chaîne génétique de sa branche paternelle (lignée patrilinéaire).[60] En effet, le chromosome Y de son ADN (appartenant à l'**Haplogroupe G-M201**) n'est

---

[60] Eupedia – Génétique : Répartition géographique de l'haplogroupe G2a (ADN-Y). Dernière mise à jour: octobre 2016.

pas le même que celui de cinq membres actuels de la lignée des ducs de Beaufort, descendants en ligne agnatique de Jean de Gand, frère d'Edmond de Langley, lui-même ancêtre en ligne agnatique de Richard III. Il y a donc eu un fils illégitime parmi les descendants d'Edouard III. Cette rupture n'était pas connue et peut, selon sa place dans la lignée, remettre en cause la légitimité de la Maison royale d'York, de la Maison royale de Lancastre et de la Maison royale Tudor, ou de la Maison royale Tudor seule, ou n'avoir eu aucune incidence sur la légitimité des différentes Maisons royales si l'infidélité a eu lieu dans la lignée des ducs de Beaufort.[61]

---

[61] Nature Communications : Identification of the remains of King Richard III, par Turi E. King, Gloria Gonzalez Fortes, Patricia Balaresque, Mark G. Thomas, David Balding, Pierpaolo Maisano Delser, Rita Neumann, Walther Parson, Michael Knapp, Susan Walsh, Laure Tonasso, John Holt, Manfred Kayser, Jo Appleby, Peter Forster, David Ekserdjian, Michael Hofreiter & Kevin Schürer. Macmillan Publishers Limited, Springer Nature, 2 décembre 2014.

16

Seconde inhumation de Richard III

Le 23 mars 2015, de nombreux habitants de Leicester, ainsi que de nombreuses personnes venues de toute l'Angleterre, suivent la procession qui mène son cercueil du champ de bataille de Bosworth jusqu'à la cathédrale de Leicester. Des milliers de personnes vont ensuite se recueillir devant le cercueil de Richard III exposé à la cathédrale de Leicester, avant son inhumation.

Le 23 mars 2015, le cardinal Vincent Nichols, archevêque catholique de Westminster, célèbre sa messe de requiem au prieuré de la Sainte-Croix de Leicester, puis, le 26 mars 2015, la cérémonie nationale est célébrée par l'archevêque de Canterbury, Justin Welby, primat de l'Église anglicane, en présence de descendants de Richard III — dont Richard de Gloucester, également cousin de la Reine, et l'acteur Benedict Cumberbatch, qui lit un poème en hommage à son aïeul — et des membres de la famille royale. Selon le cardinal Vincent Nichols, « *Richard III était un roi catholique, dans un pays alors catholique, c'est pourquoi les deux Églises, catholique et anglicane, sont pleinement impliquées dans cette semaine de célébrations* ».

Radio Vatican conclut alors « *après avoir régné dans une Angleterre déchirée par la guerre, c'est donc par une nation apaisée que le roi Richard III a été accompagné vers sa dernière demeure* ». Le 26 mars 2015, les restes du roi sont inhumés dans la cathédrale Saint Martin de Leicester.

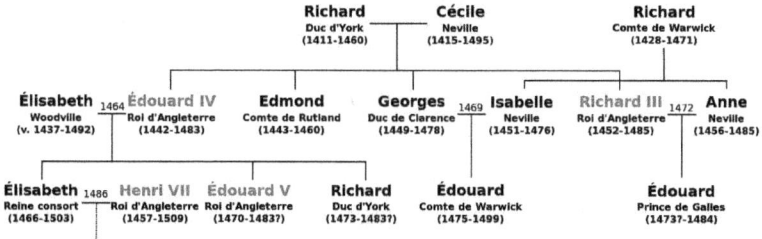

Arbre généalogique simplifié de Richard III, roi d'Angleterre.

17

Qu'est-ce que l'haplogroupe G-M201 ?

E n décembre 2014, l'examen de l'ADN de Richard III, roi d'Angleterre, a confirmé et vérifié que celui-ci était porteur d'une sous-variante de l'**haplogroupe G-M201**.

En génétique humaine, l'haplogroupe G (M201) est un haplogroupe du chromosome Y. L'haplogroupe G est plutôt rare dans la plupart des populations de l'ancien monde (généralement entre 1% et 10%) mais on le retrouve plus largement réparti dans plusieurs groupes ethniques de l'ancien monde en Europe (principalement en milieux alpins du centre et du sud), dans le Caucase, en Asie du sud de même qu'en Asie centrale et occidentale et au nord de l'Afrique.

L'haplogroupe G descend de l'haplogroupe F dont on pense qu'il représente la seconde sortie majeure d'Afrique du genre humain il y a au moins 60 000 ans. Le groupe F a été divisé en une branche principale (le groupe IJK) qui est à l'origine de 80% des Européens, et une autre branche G (formée il y a environ 48 000 ans) qui a probablement été isolée pendant des milliers d'années, peut-être en Asie du Sud-Ouest. Le groupe G se divise en deux sous-groupes:

la branche G1 (M285+ ou M342+) et la branche G2 (P287+). Le sous-groupe G2 présente de forts liens avec le développement des premiers agriculteurs de Mésopotamie. Le clade G2 se divise lui-même en deux sous-groupes : G2a et G2b.

Tandis que les hommes G2a migrèrent vers l'ouest en Anatolie et en Europe durant le Néolithique, leurs cousins G1 se retrouvent essentiellement en Iran, mais aussi au Levant, chez les Juifs ashkénazes et en Asie centrale (notamment au Kazakhstan). Seuls quelques très rares cas de G1 ont été trouvés en Europe, notamment en Grande-Bretagne (où les tests commerciaux sont les plus répandus), en Allemagne, ainsi que dans la plupart des pays du sud, du centre et de l'est de l'Europe. Comment ces lignées G1 asiatiques sont-elles arrivées là ?

L'Asie centrale est devenue une zone de fusion entre les lignées G1 et J2 d'Asie du sud avec les lignées R1a venues de Russie durant l'âge du Bronze et l'âge du Fer. De nouvelles populations d'hybrides ont été formées, comme notamment les Scythes, qui contrôlaient autrefois un empire s'étendant du nord du Pakistan au Xinjiang (nord-ouest de la Chine) et à l'Ukraine. Les Romains étaient connus pour recruter des cavaliers **scythes** ou **sarmates** dans leurs légions.

D'après C. Scott Littleton et Linda A. Malcor dans leur livre « From Scythia to Camelot », plusieurs **Chevaliers de la Table Ronde** étaient d'origine scythe, et la **Légende du Graal** elle-même serait originaire de la Scythie antique.[62] Cette hypothèse a été reprise dans le film de 2004 Le Roi Arthur, qui commence avec

---

[62] C. Scott Littleton et Linda A. Malcor, « From Scythia to Camelot », les éditions Routledge, 2ième édition (30 avril 2000).

l'arrivée de la cavalerie scytho-romaine en Grande-Bretagne. Cependant, les Scythes étaient des habitants des steppes eurasiennes et donc appartenaient sûrement en majorité à l'haplogroupe R1a. Si néanmoins certains appartenaient à l'haplogroupe G, ils auraient pu aussi bien appartenir à G1 qu'à G2a. Cela expliquerait les quelques cas de G1 en Europe occidentale.

18

Une note pour mes lecteurs

J e profite de cet article pour annoncer à mes lecteurs que j'ai reçu les résultats de mon analyse ADN-Y (25 marqueurs) commandée auprès de l'entreprise américaine Family Tree DNA. Celle-ci a été couplée avec une analyse ADN autosomal. L'analyse génétique confirme de façon certaine que mon chromosome Y relève de l'**haplogroupe G-M201**.

Le directeur du Projet Québec ADNy chez Family Tree DNA, Jean-Pierre Gendreau-Hétu, m'écrit à ce sujet :

> *C'est une chance pour vous, car c'est un haplogroupe beaucoup moins fréquent que d'autres et permet par conséquent une recherche plus ciblée. Votre choix de 25 marqueurs (plutôt que 37 ou plus) revêt ainsi, posteriori, une certaine logique. Deux étapes s'offrent à vous :*

- Trouver un autre **BOULIANNE** (d'Europe ou d'Amérique) avec lequel établir la signature ancestrale et ainsi valider l'hypothèse documentaire ;
- Obtenir des résultats **PLANTA** et espérer une concordance (ce

qui établirait logiquement la signature BOULIANNE).

Les origines multiples de vos concordances — et aucunes liées au Québec, ce qui semble évacuer toute rupture biologique dans votre ascendance nord-américaine — correspond bien avec des origines dans la région du Dauphiné. Mais cela reste une hypothèse à valider ! Je vous suggère donc d'aller de l'avant avec vos tentatives d'obtenir un second test d'un parent présumé.

M. Gendreau-Hétu poursuit ainsi son commentaire : « *Les haplogroupes dont il est question ici sont des macro-mutations du chromosome Y. Ces mutations permettent l'établissement de groupes importants dans l'évolution génétique humaine. La séquence numérique des STR révèlent en revanche une signature propre à une lignée paternelle dans un horizon historique. Admettons par exemple que vous dénichiez un autre Boulianne qui accepterait de se faire tester. Vous devriez alors avoir avec ce Boulianne la MÊME séquence de 25 marqueurs que celle que vous possédez. Cette séquence caractérise votre lignée sur plusieurs siècles* ».

J'attends donc qu'un membre de la famille Bouilllanne et qu'un membre de la famille Planta me contactent afin que nous puissions ensemble pousser plus loin les recherches généalogiques et génétiques qui nous concernent.

V

Bouillargues

19

Le prince Ursus, vicomte de Nîmes

Pour l'histoire officielle, la dynastie mérovingienne disparaît en 679 avec l'assassinat de Dagobert II. En réalité elle se perpétua avec son fils Sigisbert IV.

Vers 880 les ducs d'Aquitaine étaient devenus très puissants. Sigisbert IV eut un descendant Sigisbert VI appelé prince Ursus. Lorsqu'il fut nommé roi, ce dernier monta une insurrection contre le roi Louis II, il fut aidé par Bernard d'Auvergne et par le marquis de Gothie. Ursus mourut en Bretagne vers la fin du IXe siècle.

Le sang mérovingien coulait donc dans les veines des ducs de Bretagne et d'Aquitaine. Une partie de cette famille partit pour l'Angleterre où elle fonda la branche appelée « Planta ».[63]

Nous ajouterons que Ursus est l'ancêtre de la famille Châtillon, dont est issu le pape Urbain II qui prêcha la première Croisade (Racines et Histoire), de la famille Joinville et de la famille Lusignan (Geni). Nous avons aussi toutes les raisons de croire que ce

---

[63] Extrait du site internet Histoire de France : Descendance des Mérovingiens, 1996.

prince est à l'origine de la branche des Bouillanne (Bollanicis) qui fit souche dans le sud de la France. Pendant longtemps nous avons cru que le nom de la famille Bouillanne provenait de la ville de Bollène dans le Vaucluse (Abolena, Bolena, Bouleno). Nous verrons ci-dessous que nos nouvelles investigations nous portent désormais à penser que le nom prit sa source à partir de la ville de Bouillargues, au sud-est de Nîmes (Gard).

Au centre : le blason du prince Ursus selon les Dossiers secrets d'Henri Lobineau. À gauche : le blason de la famille Bouillanne. À droite : le blason de la famille Planta.

20

Invention des reliques de saint Baudile à Nîmes

Extrait de l'**Histoire civile, ecclésiastique, et littéraire de la ville de Nîmes, par Léon Ménard** :

On vient de voir que Bertrand possédait le vicomté de Nimes lorsque l'évêque Gilbert forma sa demande sur la restitution de la terre de Bizac. Il paraît que ce vicomte ne garda que peu de temps cette dignité et que ce fut un seigneur nommé **Ursus** qui la remplit après lui. Celui-ci l'occupait dès l'an 878 que se fit à Nîmes l'invention des reliques de saint Baudile, dont une partie considérable fut transférée en Bourgogne. Le détail de tout ce qui se passa à cette découverte nous a été transmis par un auteur contemporain, d'après le témoignage des prêtres qui s'y étaient trouvés. Sa relation est si conforme à toutes les circonstances et à toutes les époques, soit de la chronologie, soit de l'histoire de ce siècle, qu'on ne saurait sans injustice le soupçonner d'infidélité. Voici ce qu'il nous en a conservé de plus intéressant.

Trutgaud, abbé de Saissi-les-bois, au diocèse d'Auxerre, avait fait des réparations considérables à l'église de son monastère, qui était le même que celui que saint Romule avait fondé, aussitôt après qu'il eut été forcé d'abandonner celui de Nîmes, pour éviter les fureurs des Sarrasins. Comme cette église était sous l'invocation de saint Baudile, Trutgaud conçut le dessein d'y placer quelques-unes des reliques de ce saint martyr. Animé de ce pieux désir, et sachant que ces reliques étaient à Nîmes dans leur ancien monastère, il profita de l'occasion que lui fournit le voyage que Bernard II, marquis de Gothie, venait de faire dans le Berri, où il était allé prendre possession du comté de Bourges. Celui-ci ayant passé à son retour par la Bourgogne avec son oncle Gozlin, qui fut depuis évêque de Paris, l'abbé Trutgaud accompagné de ses religieux le pria de leur accorder une partie du corps de saint Baudile leur patron. Bernard le lui promit. Sur quoi Trutgaud députa deux prêtres de sa communauté que le marquis de Gothie amena avec lui.

Ces deux religieux étant arrivés à Narbonne avec Bernard, celui-ci les présenta à Sigebode, archevêque de cette ville, et lui exposa le sujet de leur voyage. Ce prélat les reçut très-bien, et eut beaucoup de joie du motif de leur députation. Il se proposait même d'aller avec eux à Nimes ; mais une indisposition qui lui survint l'en ayant empêché, il nomma Théodard, archidiacre de son église, pour y aller à sa place, et fit présent aux religieux de quelques reliques de saint Paul, premier évêque de Narbonne, et de saint Amand, qui avait aussi rempli le même siège. Bernard y envoya de son côté **le prince Ursus, qui ne paraît pas être différent du vicomte de Nimes**, pour assister en son nom à la recherche de ces reliques.

A leur arrivée en cette ville, le peuple qui avait été informé de leur dessein commença à s'ameuter, et à menacer de tout entreprendre pour empêcher qu'on ne leur enlevât un trésor qui leur était cher ; quelques-uns mêmes se disposèrent à prendre les armes. Mais malgré leurs efforts, et avec le secours et l'appuie du seigneur Ursus, on fit la recherche des reliques. L'évêque Gibert, qui occupait encore le siège de Nîmes, assisté de Wifred ou Walafrid, évêque d'Uzès, et de plusieurs autres prélats et abbés, s'étant rendus en solennité à l'église de Saint Baudile le 14 avril de cette année 878, on fouilla partout, et l'on découvrit heureusement les reliques de ce saint sous un des murs, dans un cercueil de plomb, où saint Romule les avait renfermées. La joie fut générale. Les évêques entonnèrent le Te Deum qui fut chanté par des ecclésiastiques qui étaient présents, et qu'on assure avoir été au nombre de cinq cents.[64]

[64] Léon Ménard : Histoire civile, ecclésiastique, et littéraire de la ville de Nîmes, avec des notes et les preuves. Tome Premier. Hugues-Daniel Chaubert libraire, Paris 1750, pp. 123-125.

21

Le monastère Saint-Baudile à Bouillargues

S aint Baudile vint s'installer à Nîmes avec sa femme alors que la ville n'avait pas encore d'Église constituée ni d'évêque. Des païens voulurent l'obliger à participer à un culte de Jupiter. Baudile s'y refusa malgré leurs coups. Jugé sur le champ et condamné à mort, il fut décapité hors des remparts. Son martyre eut lieu vers la fin du IIIe siècle.[65]

Jules Igolin écrivait :

> « Son corps, recueilli par sa femme, aurait été transporté en un lieu appelé la Valsainte où déjà se trouvait une colonie de chrétiens et y aurait été enseveli. Son souvenir et ses reliques furent dès lors de puissants moyens pour répandre la religion nouvelle. La Valsainte devint un lieu de pèlerinage : dès le IVe siècle, on y construisit une église, et, en 511, un monastère qui fut un des plus importants de la région et survécut jusqu'au XVIIe siècle ».[66]

---

[65] Nominis : Saint Baudile, Martyr à Nimes (3ème siècle).

[66] Jérôme Puech : La légende des Trois-Fontaines. Une à Nîmes.

Martyre de Saint Baudile. Enluminure de Ferdinand Pertus, Nîmes.

Ce monastère, où le corps du saint fut déposé, se situait à Bouil-largues, à quelques kilomètres seulement de Nîmes :

« *Au couchant, et à une petite distance du petit village, on voit les restes d'un ancien cimetière, et les ruines d'un monastère qui portait le nom de Saint-Baudile* ».[67]

Saint Grégoire de Tours, au VIe siècle, dans son « Traité de la gloire des martyrs », raconte que Dieu se plaisait à glorifier le tombeau du Saint par de nombreux miracles et que son culte était répandu dans les diverses parties du monde Chrétien. Le tombeau de saint Baudile, comme celui de saint Gilles, dans le

---

[67] Jacques Nicolas Hector Rivoire : Statistique du département du Gard, volume 2. Publié sous les auspices de M. le Baron de Pessaint. Nîmes 1842, p. 526.

voisinage de Nîmes, de Sainte-Marthe, à Tarascon, de Sainte-Marie-Madeleine, en Provence, étaient les plus célèbres du Midi et avaient le privilège d'attirer un nombreux concours de Chrétiens.[68]

Ils eurent bientôt leurs jours de deuil et de désolation. Vers l'an 719, les Arabes, franchissant les Pyrénées, se répandirent comme un torrent sur le sol de la France. Le monastère de Saint-Baudile avait alors à sa tête un pieux abbé, saint Romule, qui y faisait fleurir, par l'autorité de sa parole et de ses exemples, les plus pures vertus monastiques. 80 moines, sous la conduite du saint abbé, embaumaient cette paisible vallée du parfum de leur piété. Saint Romule ne voulut pas les abandonner au glaive de l'ennemi. Son premier soin fut de dérober les reliques de saint Baudile aux outrages des bordes musulmanes. Il les enferma dans un cercueil en plomb et les fit enfouir profondément en terre, sous un des murs de l'église.[69] Le monastère Saint-Baudile « *fut détruit au IXe siècle, puis concédé par le pape Nicolas I à Isnard, évêque de Nîmes, vers l'an 860, et restauré dans le Xe ou XIe siècle. La pauvreté de ses revenus le fit conférer plus tard, l'an 1084, par l'évêque Pierre Ermengaud, à Séguin, abbé de la Chaise-Dieu et à ses successeurs à perpétuité. Saint-Baudile devint dès lors un prieuré qu'habitaient 18 religieux de la Chaise-Dieu* ».[70]

---

[68] Abbé Pierre Azaïs (1812-1889) : S. Baudile et son culte. Éditeur : imprimerie Lafare et Ve Attenoux. Nîmes, 1872.

[69] Mgr Paul Guérin : Saint Baudile, apôtre et martyr, in : Les petits Bollandistes. vies des saints, d'après le père Giry, Surius. Éditeur : Bloud et Barral (Paris) 1876. pp-41-46.

[70] Maxime Fourcheux de Montrond : Dictionnaire des abbayes et monastères ou Histoire des établissements religieux. Tome unique publié par l'abbé Migne, Paris 1856, pp. 79-80.

22

Du prince Ursus aux seigneurs de Bollanicis

D'après certains documents, le mot Bouillargues dériverait de « Bellie-ager », terre de béliers, personnage romain de Nîmes, qui possédait jadis une villa située au sud de la commune dans un champ appelé La Pyrouna. Léon Ménard précise :

> « *La plupart des auteurs qui ont eu occasion de parler des lieux situés aux environs de Nîmes, dont les noms se terminent par argues, attribuent l'origine de cette terminaison à des familles romaines, qu'ils disent s'être établis à Nîmes après la fondation de la colonie par les Romains. Concernant Bouillargues, Bolani ou Bollani ager, les fastes consulaires marquent un M. **Vettius Bolanus**, consul de Rome avec C. Calpurnius, l'an 3 de l'ère chrétienne. Cicéron recommande à P. Sulpicius, un de ses anciens amis qui s'appelait M. Bollanus. Ce qui convient très bien avec le nom latin que ce lieu porte dans les anciens titres, où il est appelé villa de **Bollanicis**. Outre cela, l'orateur romain fait mention dans une de ses lettres à Quintus son frère, d'un domaine appelé*

Bouillanus,[71] *situé près de Rome ; et dont le nom paraît avoir quelque analogie avec celui de Bouillargues. Fundum audio te hunc Bouillanum velle redimere. De to quod videatur ipse constitues ».*[72]

En 916, le village se nomme **Bulianicus** ; peu après, ce sont les noms de **Bolianicus, Bollanicae, Bollanicis, Bolhanicis**, puis **Bolhargues** qui s'imposent. Par la suite apparaît le nom moderne de Bouillargues.[73] Le minuscule bourg qu'était jadis Bouillargues commence à donner signe de vie vers l'an 390. En 1132, le village comptait seulement 12 feux et en 1410 ce chiffre s'élevait à 23. En 1190, la localité était formée par une agglomération de quelques petits domaines, le mas de Granier, le mas de la Fond, la ferme du Puits de l'Olivier et du hameau de Massillac. Bouillargues compte aujourd'hui 6312 habitants.[74]

Compte tenu de ces conjectures, nous ne pouvons nier la possibilité que la famille Bouillanne tire son origine de ce lieu, et non pas de la ville de Bollène comme nous l'avions supposé auparavant. S'ils descendent bien du prince Ursus, les membres de la famille Bouillanne auraient donc été tout naturellement les seigneurs de

---

[71] Gaius Lucilius, Janus Dousa : C. Lucili, Suessani Auruncani, satyrographorum principis eq. romani(qui mangus auunculus Magno Pompeio fuit) : satyrarum quae supersunt reliquiae. Ex officina Plantiniana, Francisci Raphelengij, 1597, page 117.

[72] Léon Ménard : Histoire civile, ecclésiastique, et littéraire de la ville de Nîmes, avec des notes et les preuves. Tome Premier : *notes sur l'histoire de la ville de Nîmes.* Note XV, page 65. Hugues-Daniel Chaubert libraire, Paris 1750.

[73] Eugène Germer-Durand : Dictionnaire typographique du département du Gard, comprenant les nom de lieu anciens et modernes. Imprimerie Impériale. Sous les auspices de l'Académie du Gard. Paris 1868, p. 31.

[74] Le site officiel de la ville de Bouillargues : Un peu d'histoire, 1 Janvier 2014.

Bollanicis. Nous retrouvons en effet un dénommé Pierre Bernard Cantarella, seigneur de Bollanicis, de Marcellaco et de Villare, dans une charte datée de 1125, ainsi que Raymond Cantarella et son père Bernard Pons, seigneurs de Bollanicis dans une autre charte de 1138.[75]

La bague sigillaire, représentant le prince Ursus, a été trouvée à Belvézet au nord de Nîmes, sur la voie qui nous conduit du département du Gard vers le Diois, dans le département de la Drôme.

Rien n'exclut alors que les seigneurs de Bollanicis se soient transportés un peu plus au nord et qu'ils se soient implantés sur le territoire qui deviendra plus tard le Dauphiné. Leur présence dans le Vaucluse est confirmée dans le Cartulaire de la Commanderie de Richerenches, dans lequel trois membres sont nommés à la

---

[75] Alexandre Teulet : Layettes du Trésor des Chartes, Volume 1. Henri Plon, Imprimeur-Éditeur, Paris 1863. Archives Nationales de France. Cotes : «J//314, 52, Toulouse, VII, n°1 », « J//335, 67, Nîmes, n°15 » et « J//329, Toulouse, XX, n°24».

date du 17 octobre 1168 lors d'une donation à l'Ordre du Temple. Il s'agit de **Villelmus Bollana**, de **Petrus Bollana** et de **Stephanus Boliana** tous les trois témoins de Armand de Bourdeaux, alors qu'il « *augmente d'une grande contenance sa première donation à Brente. Sa femme Pétronille n'étant pas présente à l'acte, bien que mentionnée comme partie, quatre Templiers se rendirent à Bourdeaux pour le lui faire ratifier. Sur le conseil de Bertrand de Bourbouton, le commandeur de Richerenches offrit à Armand un cheval d'armes de cinq cents sous, et prit à sa charge une dette de trois cent dix sous, hypothéquée sur une vigne voisine des terres données* ».

Nous savons que la famille Bouillanne était très anciennement établie dans la vallée de Quint. Le Cartulaire de Léoncel, p. 141, mentionne **Umberto de Bollana** (Humbert de Bouillane) à la date du 21 septembre 1245, et le Recueil d'hommages relatif au Valentinois qualifie de nobles plusieurs membres de cette famille dans des actes de 1394 et de 1431, ce qui semble établir que le prétendu anoblissement qu'aurait fait Louis XI n'est qu'une légende.[76]

Umberto de Bollana figure également dans deux textes du mois de novembre 1245 élaborés dans le même village. Par ailleurs, les archives de la Drôme et de l'Isère conservent l'hommage rendu à Aimar de Poitiers, le 8 décembre 1349, par « noble homme, Hugues de Bouillanne » pour ses biens situés en Pays de Quint.

---

[76] Baron Adolphe de Coston : Histoire de Montélimar et des principales familles qui ont habité cette ville, Vol. 4. Bourron, imprimeur et éditeur. Montélimar 1886.

23

Sur l'existence du prince Ursus

L'existence du prince Ursus est avérée dans plusieurs documents d'époque qui en font foi. Les dominicains Dom Devic et Dom Vaisette, mentionnent la présence d'Ursus lors d'une renonciation qu'il fit en 885 avec son beau-frère Théodoric des biens que le feu comte Eckard avait donnés au monastère de Fleury-sur-Loire.[77] D'autres auteurs affirment pour leur part que le prince Ursus était l'époux de Berthe, soeur du comte Hucbaud, beau-frère de Béranger le Vieux, Roi d'Italie, et gendre de Gisèle, petite-fille de l'Empereur Charlemagne. C'est probablement lors de la translation des reliques de Saint Baudile en 878 que Ursus se fit couronner en tant que Roi des Exilarques de Babylone (ou Roi des Juifs) : *Cum principe Urso, quem comes vice sua misit, celeriter urbem Nemausum adierunt.*[78]

Possédons-nous une autre preuve pour le moins tangible de l'existence du prince Ursus, dans cette bague d'époque carolingienne, trouvée en France par un prospecteur de bonne foi ? Celle-ci fut

---

[77] Dom Devic et Dom Vaisette : Histoire générale de Languedoc, Édouard Privat Libraire-Éditeur, Toulouse 1872, t. II, pp. 278-279, note rectificative.

[78] Chenaye-Desbois et Badier, Dictionnaire de la noblesse, 3e édition, Schlesinger frères Libraires-Éditeurs, Paris 1865.

diffusée en 2014 sur le forum de la boutique Détection & Détecteur de métaux. Cette bague sigillaire représente un personnage velu, le propre de la dynastie mérovingienne (Bernard Plantevelue, Wilfred le Velu, Ursus). Un internaute fait remarquer que le serpentin au dessus de l'épaule droite est en fait, une fois inversé, la 18e lettre de l'alphabet grec, sigma. Il s'agirait rien de moins que l'initiale de Sigisbert VI, aussi appelé prince Ursus.

Source : Détection & Détecteur de métaux (Bédoin, Vaucluse, France).

Or, le propriétaire de cette pièce unique nous confirme que la bague fut trouvée à Belvézet au nord de Nîmes, sur la voie qui nous conduit vers le Diois, dans la Drôme (voir la carte, p. 90). Est-ce encore une fois du au hasard ? Selon nous, ceci est tout à fait exclu. Cette bague sigillaire serait la preuve de l'existence et de la présence du prince Ursus sur le territoire du Marquisat de Provence qui appartenait alors aux comtes de Toulouse.[79]

Nous savons que la famille de Bouillanne, c'est-à-dire les Fils de l'Ours, prit racine au coeur de la vallée de la Drôme. Nous

---

[79] Les informations et les photographies de cette bague sigillaire ont été publiées avec l'aimable autorisation de son inventeur. Les commentaires peuvent être consultés sur Facebook, dans les groupes suivants : La bonne restauration des trouvailles de détection ; La détection.com ; Détection France ; Détection passion en France ; Les amis de la détection ; Détection de loisir ; Détection & Identifications : Notre Histoire retrouvée, J-P Detection passion lyon, Périgord Détection et International détection.

retrouvons en ce lieu le petit village d'Orcinas, appartenant à l'arrondissement de Nyons et au canton de Dieulefit. L'archiviste André Lacroix écrit : « *On tire le nom d'Orcinas, Ourcinas et Orcinassium, d'**Ursus** ou d'Ursinus, personnage ignoré d'une époque fort ancienne* ».[80] Ce que corrobore à peu de chose près le baron de Coston : « *Je ne sais pas si ce village doit son nom à des ours, comme Orcières (Hautes-Alpes), autrefois Ourcières, ou à un fondateur appelé Ursio* ». En note de page, il ajoute : « *Orcinas, m'écrit M. Mannier, comme Orsigny, Orsignac, Orsinval, Orsonville, etc., doit son nom à un fondateur appelé Ursus ou Ursinus* ».[81]

Sur la même route qui nous conduit du Gard vers la Drôme, se trouve la commune d'Orsan, entre Belvézet et Dieulefit. L'étymologie du nom *Orsan* viendrait soit du germanique *Orsus*, soit de *Ursus* d'où serait dérivé *Orsanum*, dénomination que l'on retrouve pour désigner Orsan en 1310, soit encore du nom d'un homme latin **Ursus**, d'où *Orsanus* (1384).

Est-ce qu'on doit s'étonner de tout cela ? Il s'agit ici d'établir une certaine logique chronologique et historique. Suite à son martyre vers la fin du IIIe siècle, le corps de Saint Baudile fut transporté à la Valsainte qui devint un lieu de pèlerinage et où un monastère fut bientôt construit. Ce monastère se situait à Bouillargues, à quelques kilomètres seulement de Nîmes. À

---

[80] André Lacroix : L'arrondissement de Montélimar. Géographie, histoire & statistique. Tome 5. Valence 1877, p. 383.

[81] Adolphe baron de Coston : Étymologies des noms de lieu du département de la Drôme, avec l'indication des familles qui les ont possédés à titre de fief. Tirage à part, à 110 exemplaires, du Bulletin de la Société d'Archéologie et de Statistique du département de la Drôme. Éditeur : Auguste Aubry. Paris 1872, pp. 208 et 256.

l'arrivée des Sarrasins vers l'an 719, Saint Romule enferma les reliques dans un cercueil en plomb et les fit enfouir profondément en terre, sous un des murs de l'église.

En 878, Bernard II Plantevelue assigna le prince Ursus pour l'assister en son nom à la recherche de ces reliques. Notons que la seigneurie de Bouillargues dépendait directement de la vicomté de Nîmes, et donc du prince Ursus.[82] Or, nous savons que l'ancienne dénomination de ce lieu était Bulianicus, Bolianicus, Bollanicae, Bollanicis, Bolhanicis, du nom d'un domaine appelé **Bouillanus**, situé près de Rome.

Le lien est alors très étroit entre les seigneurs de Bouillargues, dans le Gard, et la famille de Bouillanne (Bollanicis, Bollana, Boliana), dans le Dauphiné. Doit-on en tirer des conclusions...

---

[82] Étienne Baluze : Histoire généalogique de la maison d'Auvergne justifiée par Chartes, Titres, Histoires anciennes et autre preuves authentiques. Tome Second. Éditeur : Antoine Dezallier. Paris 1708 avec le privilège du roi, p. 489.

VI

Le prince Ursus

24

Une autre image illustrant le prince Ursus, vicomte de Nîmes

J e suis toujours heureux lorsque je trouve une image pouvant illustrer l'existence du prince Ursus, vicomte de Nîmes au IXe siècle. Personnage illustre et mystérieux, Sigisbert VI dit Ursus, était le descendant du roi mérovingien Dagobert II, de la princesse wisigoth Gisèle de Rhedae, de Theodoric IV de Narbonne et du légendaire Guilhelm de Gellone. Le 14 avril 878, à la demande de Bernard II Plantevelue, marquis de Gothie, il supervisa l'invention des reliques de saint Baudile à Bouillargues, à quelques kilomètres seulement de Nîmes. Ursus est l'ancêtre probable de la famille de Bouillanne (*Bulianicus, Bolianicus, Bollanicae, Bollanicis, Bolhanicis, Bolhargues, Bouillargues*).

Nous possédons déjà deux images anciennes représentant Ursus se faisant couronner en tant que Roi des Exilarques de Babylone (ou Roi des Juifs) : *Cum principe Urso, quem comes vice sua misit, celeriter urbem Nemausum adierunt.*

Nous possédons une autre preuve tangible de l'existence du prince Ursus, dans une bague sigillaire d'époque carolingienne trouvée en France par un prospecteur amateur. Cette bague représente un personnage velu, le propre de la dynastie mérovingienne (Bernard Plantevelue, Wilfred le Velu, Ursus). Un internaute faisait remarquer que le serpentin au dessus de l'épaule droite est en fait, une fois inversé, la 18e lettre de l'alphabet grec, sigma. Il s'agirait rien de moins que l'initiale de Sigisbert VI, aussi appelé prince Ursus.

Nous vous rappelons que le blason de la famille de Bouillanne porte d'azur à une patte d'ours d'or, blason que nous retrouvons à la planche No. 2 des Dossiers Secrets d'Henri Lobineau (Pierre Plantard de Saint-Clair et Philippe de Chérisey, Bibliothèque Nationale de France, cote 4° LM1 2491, déposé en 1975). Cette patte d'ours se retrouve aussi dans le tableau énigmatique attribué au maître français Nicolas Poussin, représentant le paysage de Rennes-le-Château, et propriété actuelle du chercheur Robert Tiers.[83]

---

[83] Alain Gros et Robert Tiers : En quête de Nicolas Poussin ou les tribulations d'un amateur d'art dans le monde des experts, Jean-Michel Place, 2015.

Récemment, j'ai redécouvert la gravure de Charles-Nicolas Cochin (père) extraite de l'Histoire générale de Languedoc, avec des notes et les pièces justificatives, par Dom Claude de Vic & Dom Joseph Vaissette *(Preuves de l'histoire de Languedoc, page 1. Édition de Jacques Vincent, tome 2, Paris 1733).* On y voit clairement le prince Ursus, vicomte de Nîmes, aux côtés de l'évêque Gibert, de Walafrid évêque d'Uzès, et de plusieurs autres prélats et abbés, lors de l'invention des reliques de saint Baudile en 878. Celui-ci porte l'épée en tant que dignitaire et haut personnage.

Gravure de Charles-Nicolas Cochin (père) extraite de l'Histoire générale de Languedoc, avec des notes et les pièces justificatives, par Dom Claude de Vic & Dom Joseph Vaissette. Preuves de l'histoire de Languedoc, page 1. Édition de Jacques Vincent, tome 2, Paris 1733.

25

L'Histoire générale de Languedoc

L'Histoire générale de Languedoc est un ouvrage scientifique, traitant de l'histoire de la province de Languedoc, rédigé et publié durant la première moitié du XVIIIe siècle par les pères bénédictins dom Claude Devic et dom Joseph Vaissette, puis complété une première fois par Alexandre Du Mège au milieu du xixe siècle, enfin entièrement refondu et publié par une équipe de savants pour la librairie Privat à la fin du XIXe siècle, plusieurs fois réimprimé. Bien qu'elle soit dépassée sur de nombreux aspects, l'Histoire générale de Languedoc demeure précieuse pour le corpus de textes qu'elle reproduit, certains ayant été perdus dans la tourmente révolutionnaire, mais aussi rétrospectivement pour les innovations qu'elle apporta à l'analyse historique.

L'origine de l'Histoire générale de Languedoc est la proposition de l'archevêque de Narbonne, Charles Le Goux de La Berchère, président-né des États de Languedoc à cette assemblée, le 24 janvier 1708, de parrainer une histoire complète de la province. C'est vers les savants bénédictins de l'abbaye de Saint-Germain-des-Prés que l'on se tourna, et après un premier choix malheureux, dom Claude Devic et dom Joseph Vaissette furent chargés en 1715 de mener les recherches dans les dépôts provinciaux, les archives étant alors dispersées en Languedoc entre les bibliothèques publiques, les forteresses royales, les églises, les abbayes, les collections privées, mais aussi à Paris, au Trésor des Chartes, dans les grands corps de l'État, la bibliothèque de Colbert, etc. Fruit de ces investigations, 131 volumes de documents se trouvent aujourd'hui au Cabinet des Manuscrits de la Bibliothèque nationale de France.

Sur cette base, ils publient de 1730 à 1745 chez l'imprimeur parisien Jacques Vincent cinq volumes, comprenant trois parties chacun : un récit historique, suivi de notes savantes, puis des pièces justificatives (les « preuves »), qui couvrent une période s'étendant des « origines », en s'appuyant sur les auteurs antiques, jusqu'à 1643, date de la mort de Louis XIII. L'Histoire illustre très bien le sérieux de la méthode des deux mauristes, à la suite des travaux de Jean Mabillon et de Bernard de Montfaucon.

Un historien du XIXe siècle nous rapporte la scène :

« *Au mois d'août 1730, plusieurs députés des États de Languedoc étaient réunis au palais de Versailles, attendant une audience solennelle du roi, arrivé, la veille, de Compiègne. Ils allaient présenter, avec le cérémonial accoutumé, le cahier des hommages et doléances de la province ; mais une particularité devait modifier l'uniformité habituelle de la cérémonie : c'était la présentation à Sa Majesté d'un volume in-folio, déposé sur les degrés du trône et dont la splendide reliure, voilée de fines dentelles qui amortissaient l'éclat des dorures attirait tous les regards. La splendeur de* ce livre, la pompe extraordinaire de la députation chargée de l'offrir au roi, au nom des États, répondaient à l'importance du travail historique et littéraire qu'il renfermait, et au talent des auteurs : c'était le premier volume de l'Histoire générale de Languedoc dont le principal auteur était un religieux de la congrégation de Saint-Maur, Dom Vaissète. »

26

À propos de Charles-Nicolas Cochin

Charles-Nicolas Cochin, dit Charles-Nicolas Cochin père, Cochin l'Ancien ou Cochin le Vieux, est un graveur français né le 29 avril 1688 à Paris, d'une ancienne famille de Champagne dont plusieurs membres se sont déjà distingués dans les arts. Son père Charles Cochin est peintre, il est marié à Marie Marthe de la Forge.

Sans doute élève du peintre d'histoire Pierre Dulin, ce n'est qu'à 22 ans qu'il décide de se consacrer à la gravure. Il se fait remarquer par ses reproduction des grand maîtres : Sujets de la Vie de Saint Augustin, Louis de Boullogne, à l'église Saint-Louis-des-Invalides, Les Noces de Cana, de Véronèse, des sujets de l'anciens testament.

L'Académie royale de peinture et de sculpture l'agrée, le 26 février 1729, sur la présentation de deux gravures : le Retour de campagne, d'après Watteau, et Jacob apercevant Rachel, d'après François Lemoyne. Le 31 août 1731, après avoir apporté les portraits gravés du peintre Eustache Le Sueur et du sculpteur Jacques Sarazin qui lui avaient été imposés comme morceau de réception, il devient académicien.

Interprète admirable des peintres contemporains, il traduit le style et la couleur même de leurs œuvres dans des planches qu'il commence à l'eau-forte et auxquelles il ajoute quelques accents, d'un burin aussi habile que discret. Il reproduit entre autres l'Amour au théâtre français, l'Amour au théâtre Italien, le Bosquet de Bacchus de Watteau; le Jeu du pied de bœuf de François de Troy; la Blanchisseuse, la Fontaine, l'Écureuse, le Garçon cabaretier, de Chardin; le Colin-maillard de Nicolas Lancret.

Charles-Nicolas Cochin collabore avec de nombreux graveurs à l'illustration de l'Histoire générale de Languedoc de 1730 à 1745 par dom Claude Devic et dom Joseph Vaissète, et de l'Histoire et description de l'Hôtel des Invalides (1736) de Jean-Joseph Granet (1685-1759). Il grave ensuite plusieurs des planches représentant, entre autres, Le sacre de Louis XV et Le Roi prosterné devant l'autel. En 1738, il grave La Lorraine réunie à la France de Nicolas Delobel, où figure le portrait du cardinal de Fleury, œuvre aujourd'hui au musée des beaux-arts de Boston aux États-Unis

À partir de 1744, Charles-Nicolas Cochin se consacre à faire valoir les œuvres de son fils Charles Nicolas Cochin dont les débuts furent précoces et brillants, et il l'aide dans sa tâche écrasante.

C'est ainsi qu'il grave deux planches dessinées par celui-ci à l'occasion des fêtes du premier mariage du Dauphin en 1745 (le Bal paré, le Bal masqué) et collabora aussi à la série des fêtes du second mariage en 1747 (le Jeu tenu par le Roi et la Reine).

Il épouse, le 10 août 1713, Louise-Magdeleine Horthemels, fille d'un libraire de Hollande, dont le frère Frédéric était graveur comme elle, et dont les sœurs avaient épousé respectivement le graveur Nicolas–Henri Tardieu et le peintre Alexis Simon Belle. Elle meurt en 1767. Cochin meurt dans son logement des galeries du Louvre le 7 juillet 1754

L'œuvre de Cochin père comprend 512 planches tant avant et avec la lettre qu'à l'état d'eau–forte.

VII

Guilhem de Gellone

La lignée de Guilhem de Gellone perpétue le Cycle du roi Arthur

Je dois ici faire mon *Mea Culpa* puisque, comme le dit le proverbe, «*il n'y a que les fous qui ne changent pas d'idée*». Suivant ce populaire adage qu'il n'est jamais trop tard pour bien faire, je me vois dans l'obligation de réfuter la théorie qui fait de Sigisbert VI dit Ursus, le descendant des Exilarques de Babylone.[84] J'avoue m'être laissé emporté par les théories de A. J. Zuckerman[85] largement diffusées sur internet et par différents auteurs, dont Henry Lincoln, Michael Baigent et Richard Leigh.[86]

---

[84] Guy Boulianne : « Une autre image illustrant le prince Ursus, vicomte de Nîmes au IXe siècle » ; « Bouillargues : du prince Ursus, vicomte de Nîmes, aux seigneurs de Bollanicis » ; « Paul Boyer de Bouillane, l'éminence grise derrière le Grand Monarque » ; « Des Templiers de Bollana à Raimond de Bollène, archevêque d'Arles » ; « Les de Bouillanne, chevaliers Templiers de la Commanderie de Richerenches ». Référence : www.princefou.com.

[85] A. J. Zuckerman, A Jewish Princedom in Feudal France, 768-900, Columbia University Studies in Jewish History, Culture and Institutions, t II, New- York, 1972.

[86] L'énigme sacrée, par Henry Lincoln, Michael Baigent et Richard Leigh. Pygmalion, Paris 2004.

Je crois maintenant que Zuckerman véhicule des faussetés concernant l'aristocratie languedocienne et la descendance de l'exilarque Natronaï ben Zabinaï. Selon lui, dès son arrivée, Makhir (fils de l'exilarque) fut installé à Narbonne, où Pépin le Bref lui accorda un grand patrimoine foncier, malgré les protestations du pape Etienne et le fit marier.

Se fondant sur les chansons de geste du cycle de Guillaume d'Orange, M. Zuckerman arrive à la conclusion que Makhir, anobli et surnommé Théodoric (ou Thierry), a épousé la propre sœur de Pépin le Bref, Aude ; apparenté ainsi à la famille carolingienne, le dirigeant (« Nassi ») juif, chef incontesté de la juiverie du royaume des Francs, devint en même temps comte de Septimanie et obtint en 791 privilèges qui, selon la reconstitution de leur teneur par l'auteur, l'original étant perdu, représentent le fondement du statut privilégié des Juifs en Languedoc et en Catalogne. Mort en 793, Makhir-Théodoric fut remplacé dans tous ses honneurs et offices par son fils Guillaume, duc de Toulouse et marquis de Gothie, le véritable commandant en chef des armées de Louis, roi d'Aquitaine.

J'ai consulté avec une attention particulière les textes du professeur Aryeh Graboïs.[87] Allant à l'encontre de Zuckerman, le savant écrit que ce dernier « *insinue que la propre sœur de Pépin le Bref, Aude, aurait été l'épouse de ce descendant du roi David. Encore une hypothèse que l'on a le droit d'avancer, à la condition que les époux soient de la même religion ; mais comment expliquer le consentement*

---

[87] Professeur à l'Université de Haïfa, Aryeh Graboïs consacre ses recherches à l'histoire sociale et religieuse de la France médiévale, ainsi qu'aux rapports entre juifs et chrétiens au Moyen Age ; il a notamment publié une Typologie des sources hébraïques médiévales.

d'un roi carolingien à l'abjuration de la foi chrétienne par un des membres de sa famille et sa conversion au judaïsme ? Inutile de mentionner que le fait, s'il eût jamais lieu, et l'auteur lui-même en doute, aurait fait du bruit, beaucoup plus que les protestations acerbes d'Etienne III contre la concession de domaines aux Juifs dans la Narbonnaise. Si, par contre, Makhir avait abjuré le judaïsme, le problème d'une principauté juive dans la France du Midi n'aurait pas existé ; une fois converti au christianisme, il serait chrétien à part entière. C'est ainsi que, faute d'accepter la version littérale du texte (dont il défend l'authenticité), à savoir le mariage de Makhir avec une fille d'un des grands propriétaires juifs de Narbonne, l'auteur suppose qu'il y eut mariage politique, sans expliquer qui aurait pu le célébrer, ni comment ».[88]

Dans un autre article, Aryeh Graboïs écrit : « *La légende narbonnaise qui attribue à la famille des chefs de la communauté locale la descendance du lignage royal israélite, par le truchement de la dynastie des Exilarques mésopotamiens, contribua sans doute à l'exaltation de la renommée et du prestige de cette famille.* » (...) « *L'œuvre en occitan du Pseudo-Philomène, consacrée aux gestes de Charlemagne dans la province, contient la version retenue par la population chrétienne du Languedoc, qui comporte des éléments différents de ceux qui avaient été retenus par l'auteur de la légende hébraïque de Narbonne* ».[89]

---

[88] Aryeh Graboïs : Une principauté juive dans la France du Midi à l'époque carolingienne ?. Annales du Midi : revue archéologique, historique et philologique de la France méridionale. Année 1973. Volume 85, Numéro 112, pp. 191-202.

[89] Aryeh Graboïs : Le « roi juif » de Narbonne. Annales du Midi : revue archéologique, historique et philologique de la France méridionale. Année 1997. Volume 109, Numéro 218, pp. 165-188.

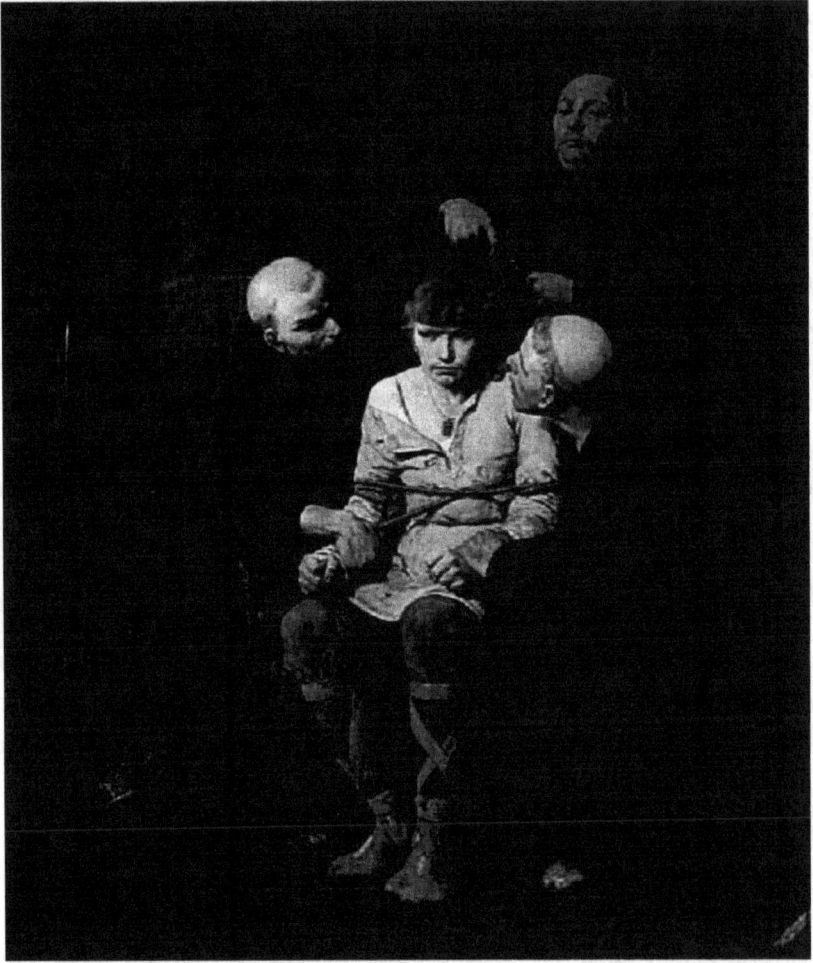

Le Dernier des Mérovingiens par Évariste-Vital Luminais, Musée des Beaux-Arts de Carcassonne.

Pour ma part, je considère que les travaux de Aryeh Graboïs qui se basent sur des références historique précises et exactes – *contrairement aux conjectures de A. J. Zuckerman* – sont sérieux et dépassent celles-ci.[90] La famille des Guilhelmides dont fait part

_____

[90] N.D.A. – Jacques-Sylvain Klein m'écrivait suite à la lecture du présent article

Zuckerman dans son ouvrage est issue des Francs, et non pas des Exilarques de Babylone comme il le suppose.

J'ai passé plusieurs heures à réviser mes notes personnelles et j'en reviens donc à mes premières hypothèses. Comme l'affirment déjà plusieurs historiens, Guilhem de Gellone est le fils de Thierry d'Autun, lui-même auréolé de mystère. Par contre, ce dernier n'est pas le surnom de Makhir, fils de l'exilarque Natronaï ben Zabinaï, mais plutôt le fils de Childéric III considéré comme le dernier membre régnant de la dynastie mérovingienne. Celui-ci fut déposé par Pépin le Bref, tonsuré et enfermé au monastère de Saint-Bertin, près de Saint-Omer, tandis que la reine fut reléguée dans le monastère Notre-Dame de Soissons et son fils Thierry enfermé encore enfant au monastère de Fontenelle où il devint clerc. Dans tous les cas, les dates chronologiques correspondent, corroborant parfaitement cette hypothèse. Rien n'exclut, *comme cela se faisait couramment à l'époque carolingienne*, que Théodérik, de noble extraction, soit un jour sorti de son monastère pour épouser la princesse Aude Poher, fille de Aude d'Autun, duchesse douairière de Bretagne, et du mérovingien Daniel Poher. De ce mariage naquit aussi un petit-fils en la personne de Salomon III de Poher, roi de Bretagne.

___

: « *Pour autant, les travaux d'Aryeh Graboïs, qui portent surtout sur les XI°-XIII° siècles, ne fournissent pas de réponse solide quant à l'origine du royaume juif de Narbonne. Affirmer, comme il le fait, que l'ascendance davidique de la dynastie narbonnaise relève d'un processus légendaire est une facilité assez classique, même si les références qu'il fait à la légende carolingienne sont intéressantes. Je crois qu'il faut aller beaucoup plus loin. Qu'un /rex judaeorum/ ait dirigé, pendant plusieurs siècles, les communautés juives de Septimanie est indubitable. Que la fonction ait été héréditaire ne l'est pas moins. La seule question qui se pose est de savoir si les rois, bien identifiés, des XI°-XIII° siècles descendent ou non de Makhir et selon quelle généalogie* » (courrier du 17 janvier 2017).

« Dom Bouquer (V. 187. D) nous a conservé un texte qui donnerait à penser que dans le couvent de Sithiu, Hildérik III était traité non en simple moine, mais en prince. Ce texte précieux est emprunté à la Chronographie de Theophane, qui vivait aux débuts du IXe siècle. Il est grec et se rapporte à l'an 757, huitième année du règne de Léon, empereur d'Orient. »[91]

Cette période de l'histoire est très obscure car elle cache justement une réalité : la descendance et la continuité du lignage mérovingien au sein de la famille des Guilhelmides et des seigneurs du Languedoc. Il en est de même avec l'assassinat de Dagobert II et la survie de son fils Sigisbert IV qui aurait été rescapé dans le Razès. Cette partie de l'histoire est aussi occultée. Comme l'écrivent justement Thierry et Hélène Bianco: « *Malheureusement, les généalogies des grandes dynasties moyenâgeuses n'ont pas été conservées dans les mémoires collectives. Le matériau à notre disposition aujourd'hui pour reconstruire ces filiations est bien mince et le résultat porte forcément à polémique* ».[92]

Le grand Guilhem de Gellone s'assimile à Roland de Roncevaux et son lignage perpétue le Cycle du roi Arthur. Le secret du Graal se trouve sans contre-dit au sein de cette lignée royale. Comme l'écrit Léon Gautier, professeur à l'école des chartes :

---

[91] Jules-Stanislas Doinel : Note sur le roi Hildérik III. 200 exemplaires numérotés. BBadie, Libraire-Éditeur. Carcassonne 1899, p. 24.

[92] Thierry et Hélène Bianco : Qui sont les Guilhermides ?. Hélène et Thierry vous invitent à partager leurs travaux... Généalogie familiale, Généalogie moyen-âgeuse, documentation. Ancelle (Hautes-Alpes) 23 août 2010.

*Saint Guillaume ermite. Peinture d'Antonio de Pereda, vers 1630
(Académie royale des beaux-arts de San Fernando, Madrid).*

« *Il s'agit de cet autre Roland, de cet illustre capitaine de
Charlemagne, de ce Guillaume qui a donné naissance à l'une
de nos trois grandes gestes, de ce duc d'Aquitaine qui en 793
sauva la France des Sarrazins, de ce vaincu de Villedaigne
dont la popularité peut se comparer à celle du vaincu de
Roncevaux* ».[93]

En cela, le prince Ursus n'est pas un mythe. Il a bien existé.
Arrière-petit-fils du fondateur de l'abbaye bénédictine Saint-
Guilhem-le-Désert, il fut l'époux de Cunégonde, dont sont issues

---

[93] Léon Gautier : La Chanson de Roland. *Texte critique, traduction et commentaire.*
Ouvrage couronné par l'Académie française et l'Académie des Inscriptions
et Belles-Lettres. Cinquième édition. Publié par Alfred Mame et Fils. Tours
1875, p. xiij.

les maisons de **Joinville** et de **Boulogne**, et de Berthe d'Italie, dont est issue la maison de **Châtillon**. Quatre générations plus tard, Eudes de Châtillon devint pape sous le nom d'Urbain II et prêcha la première croisade en 1095. Un an plus tard, les contingents sont réunis. Godefroy de Bouillon, duc de Basse-Lotharingie et son frère Baudouin de Boulogne ont rejoint l'expédition, ainsi que le frère du roi, Hugues de Vermandois, Robert II de Normandie et Étienne de Blois. Bohémond, fils aîné de Robert Guiscard, décide lui aussi de se croiser.

Mais ceci est une autre histoire...

Epilogue

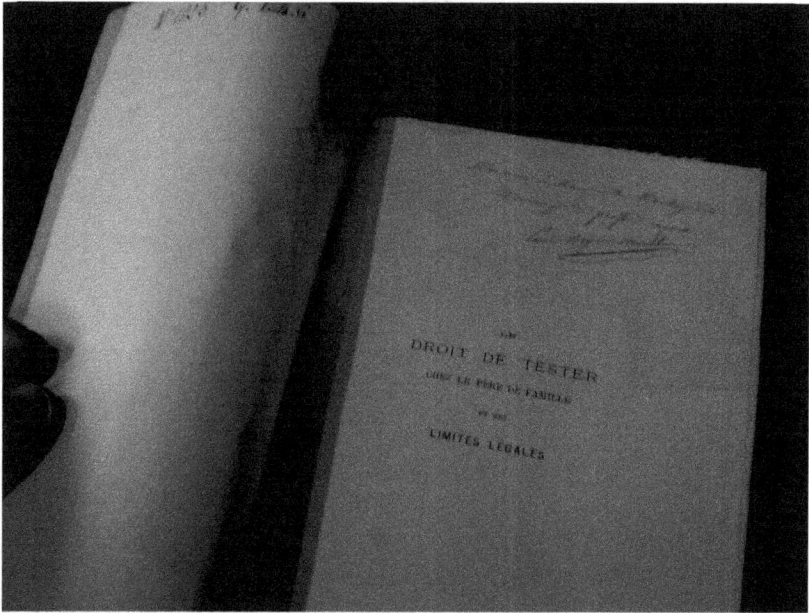

Le droit de tester chez le père de famille et ses limites légales.

Je suis fier d'avoir fait l'acquisition de deux documents importants au niveau historique. Tout d'abord le livre acheté à la librairie Les Livres du Pont-Neuf à Romainville, intitulé « *Le droit de tester chez le père de famille et ses limites légales* », écrit par mon arrière-arrière-arrière-grand-cousin au 12e degré par adoption, Pierre Paul Henri Dominique Boyer de Bouillane. Ce livre est extrêmement difficile à trouver. Il provient d'une lecture faite à la séance de rentrée de la Conférence des Avocats le 20 décembre 1872.

Cette brochure in-8 de 52 pages a été publiée l'année suivante par Rigaudin et Lassagne, à Grenoble. Un peu frottée, avec une étiquette de référencement sur le dos et une usure d'usage, le livre est en bon état général. L'exemplaire que j'ai en main est dédicacé par l'auteur au Marquis de Monteynard.

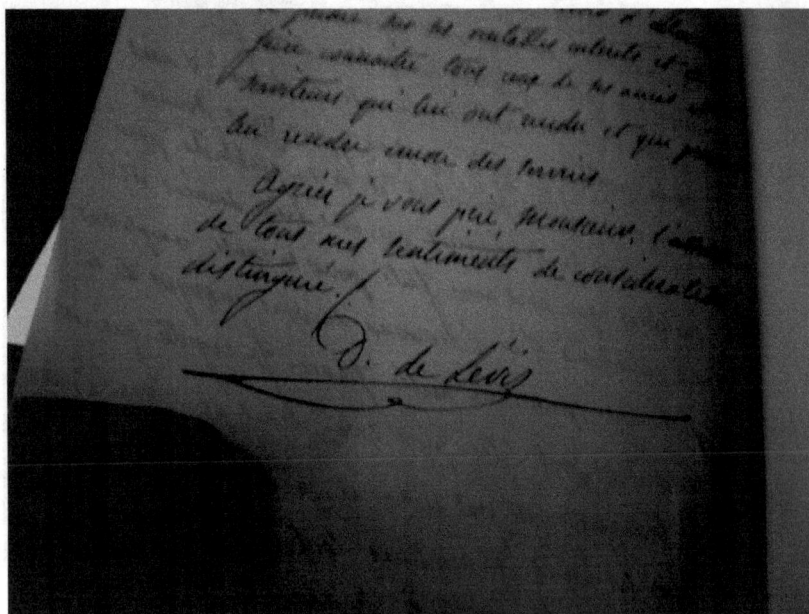

Lettre manuscrite de Gaston François Christophe duc de Lévis.

J'ai aussi fait l'acquisition d'un document unique et rare : la lettre manuscrite de Gaston François Christophe duc de Lévis, datée du 23 avril 1844, alors qu'il distribue les bonnes oeuvres du Comte de Chambord. Achetée auprès de la librairie Traces Ecrites à Paris, cette lettre signée a un format In-8, et elle compte deux pages en très bon état. Le duc de Lévis, conseiller politique du duc de Bordeaux [comte de Chambord] vient d'apprendre l'embarras dans lequel se trouve son correspondant.[94] Au nom du duc de Bordeaux, il lui adresse une somme de mille francs en signe de :

« gratitude pour les preuves de dévouement que vous avez données et les sacrifices que vous avez fait pour sa cause [...]. Je regrette que cette somme ne puisse être plus forte, mais vous savez que le béarnais n'est pas riche et qu'il ne peut pas faire pour ses amis et serviteurs tout ce qui serait dans son coeur. J'espère aussi, monsieur, que cette circonstance vous prouvera que ceux qui ont l'honneur d'approcher le prince ne sont pas toujours aussi mal inspirés que voudraient le faire croire quelques personnes et qu'ils regardent au contraire comme un devoir d'éclairer le prince sur ses véritables intérêts et de lui faire connaître tous ceux de ses amis et serviteurs qui lui ont rendu et qui peuvent lui rendre encore des services [...] ».

Ardent royaliste, aide de camp du duc d'Angoulême et pair de France, Gaston-François-Christophe de Lévis (1784-1863) assurait le rôle de ministre du Comte de Chambord. Il est le descendant de l'une des plus anciennes Maison de France, intimement liée à la croisade albigeoise (Guy II de Lévis), à la fondation de la Compagnie du Saint-Sacrement et de Montréal (Henri de Lévis, duc de Ventadour), à l'évangélisation de la Nouvelle-France (Gabriel Thubières de Lévis de Queylus) et à la bataille pour les

---

[94] La librairie Traces Ecrites est dédiée aux documents historiques, aux manuscrits anciens et aux lettres autographes de personnages célèbres. Son propriétaire, Emmanuel Lorient, est membre de la Ligue Internationale de la Librairie Ancienne (Lila).

plaines d'Abraham (François Gaston de Lévis). Gaston-François-Christophe de Lévis est d'ailleurs le petit-fils de ce dernier.

Après la révolution de juillet 1830, il refusa de prêter serment au gouvernement de Louis-Philippe, pour rester fidèle à la branche ainée qu'il accompagna dans l'exil, en Écosse et en Allemagne. C'est pendant leur voyage de noces au château de Frohsdorf en Autriche, où le Comte de Chambord leur fit l'honneur de les recevoir, que Paul Boyer de Bouillane et son épouse rencontrèrent pour la première fois Gaston-François-Christophe de Lévis. L'héritier du trône de France devait mourir deux mois plus tard dans son exil, le 24 août 1883.

Je suis d'autant plus heureux d'avoir en possession cette lettre manuscrite du duc de Lévis, que ce dernier était en étroite relation avec mon arrière-arrière-arrière-grand-cousin au 12e degré par adoption. À ce sujet, je vous invite à consulter le dossier généalogique complet de mes ancêtres, du XIIe au XXIe siècle.

— Guy BOULIANNE, *30 juillet 2016*

Lettre envoyée par Marie Boyer de Bouillane
au duc et à la duchesse de Vendôme

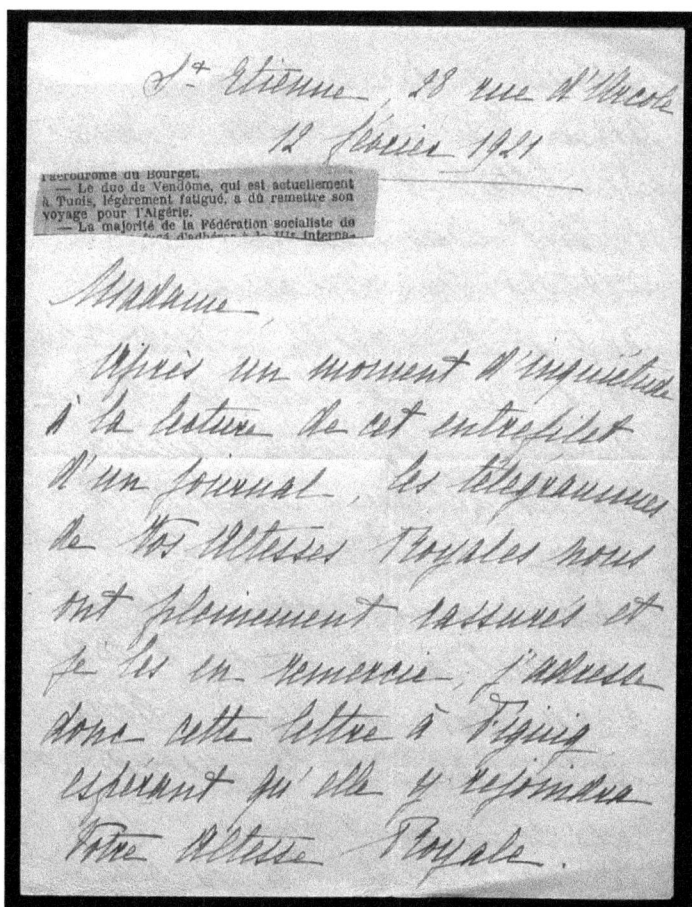

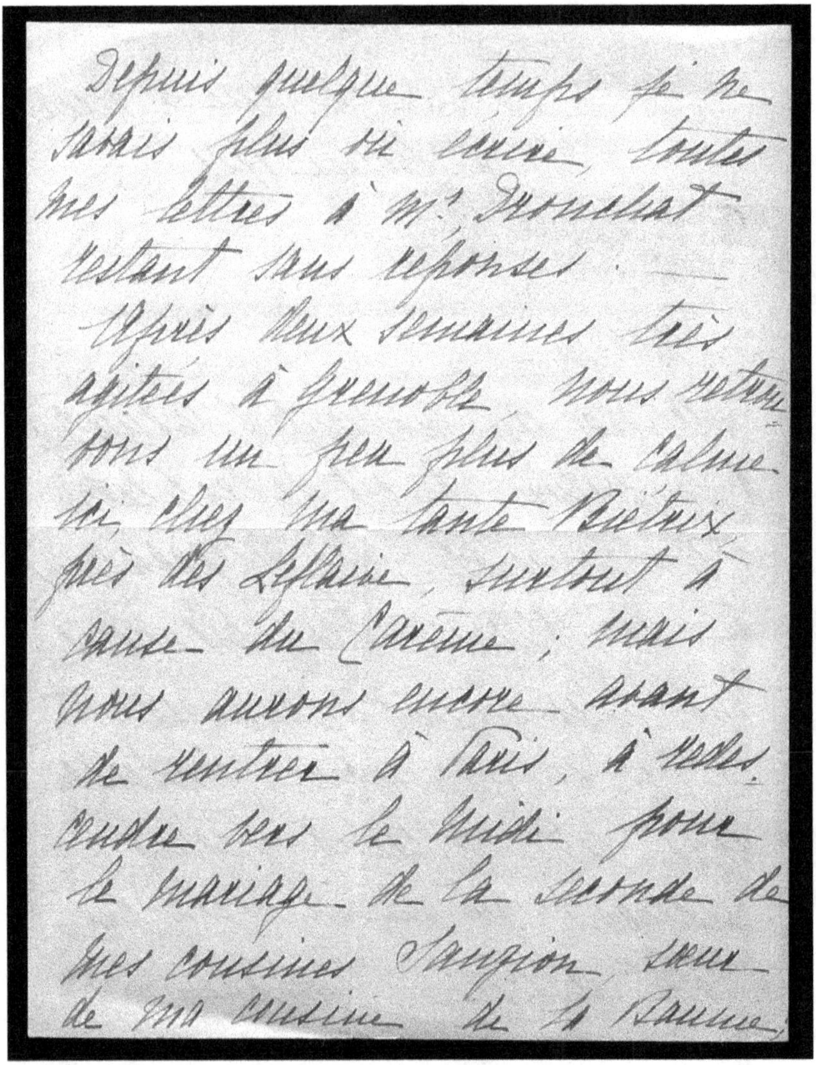

Depuis quelque temps je ne
savais plus où écrire, toutes
mes lettres à M. Doucelat
restant sans réponse. —
Après deux semaines très
agitées à Grenoble, nous retour-
rons un peu plus de calme
ici chez ma tante Bietrix,
près des Échelles, surtout à
cause du Carême ; mais
nous aurons encore avant
de rentrer à Paris, à nous
rendre vers le Midi pour
le mariage de la seconde de
mes cousines Sauzion, sœur
de ma cousine de la Bruine,

elle fait un charmant mariage
(dont ma belle sœur est l'auteur)
avec Mr Henry Villant cousin
germain des Emmanuel de la
Rochefoucauld par sa mère qui
est sœur de Mme Dallas. Le
monde est de plus en plus petit
et on tourne toujours dans le
même cercle. Ce sont des
habitués de La Rivaie où
nous les avons souvent rencontrés.
Madame me dira quand elle
pense être à Paris. Le mariage
étant le 10 Mars, nous y
serons nous même certainement vers le 15. —

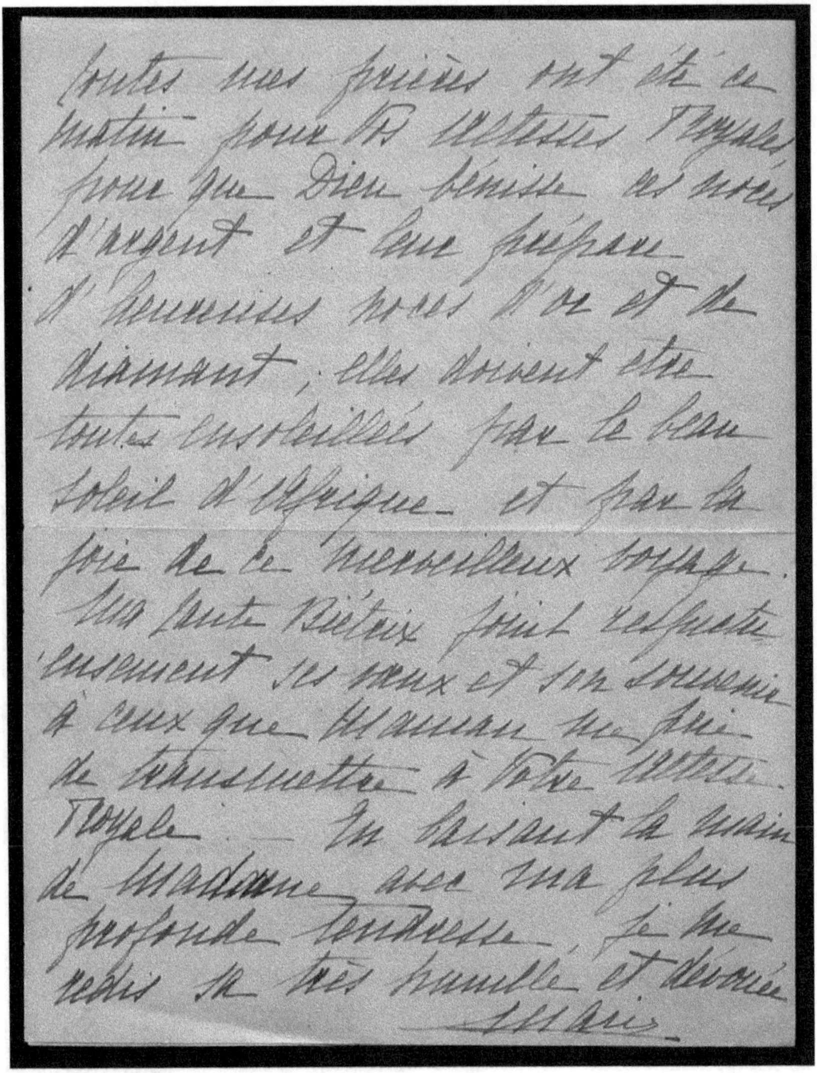

toutes nos prières ont été ce
matin pour Vos Altesses Royales
pour que Dieu bénisse ces noces
d'argent et leur prépare
d'heureuses noces d'or et de
diamant ; elles doivent être
toutes ensoleillées par le beau
soleil d'Afrique et par la
joie de ce merveilleux voyage.
Ma tante Béatrix joint respectu-
eusement ses vœux et son souvenir
à ceux que Maman me prie
de transmettre à Votre Altesse
Royale. En baisant la main
de Madame avec ma plus
profonde tendresse, je me
redis sa très humble et dévouée
Marie

AGR. le nom du fond: Vendôme – Nemours, I 586 – nr. 1311.

Un vibrant hommage au roi Dagobert II assassiné à la fontaine d'Arphays

Jean François Louis Jeantin : « *Les chroniques de l'Ardenne et des Woëpvres, ou revue et examen des traditions locales antérieurs au onzième siècle, pour servir à l'histoire de l'ancien comté de Chiny* ». *Tome II, chapitre XVIII:* « *La fontaine d'Arphays. Mouzay et Charmois* ». *Paris-Nancy 1852, pp. 230-232.*

Mon Dieu ! Que notre siècle est insensible et froid ! Qu'il a la fibre lâche pour tout ce qui est religieux, c'est-à-dire, pour ce qui, seul, est poétique et beau ! Serait-ce donc qu'il n'y aurait plus rien qui batte sous le teton gauche de l'homme, qu'il passe, ainsi, chaque jour, indifférent, et presque sans s'en douter, devant les plus curieux monuments de l'histoire de son pays ? Ou serait-ce que, scellé à jamais des sept sceaux apocalyptiques, le livre de l'intelligence des lieux, des noms, et des faits traditionnels se serait refermé pour lui ?

On le croirait presque, en voyant nos contemporains si ignorants, si insoucieux des grands événements opérés sous leurs pieds. Tout parle encore, cependant, à leurs oreilles, à leur vue ; mais leur esprit est aveugle, et leur coeur n'entend pas ; Aures habent et non audient. Mille fois, peut-être, ici, il va passer, notre lecteur ; eh

bien, demandera-t-il, même après avoir lu ce livre, demandera-
t-il ce qu'y fait cette croix, cette haute et grande croix ? Non,
il passera ; il traversera cette forêt, sans se douter que Dieu,
un jour, dans sa colère, a soufflé sur les pères de ces chênes,
et qu'à son souffle a disparu, soudain, toute une race de Rois.
Tâchons, tâchons donc de ranimer les ossements de ce squelette ;
redressons-les, et évoquons l'ombre du Roi-Martyr, lâchement
égorgé, sur cette place même où nous nous agenouillons.

Ce que c'est, pourtant, et de l'homme et de sa mémoire ! Roi
ou soldat ; qu'il ceigne le diadème ou qu'il porte le mousquet ;
dites-moi ce que c'est de lui ? Voici un Roi, un roi, dont le nom est
même populaire ; on sait qu'il fut chassé du trône ; qu'il fut banni

par des factieux ; on sait aussi qu'un cloître, en Écosse, lui servit d'asile ; qu'il fut rappelé, replacé quelques mois sur le pourpre ; on sait enfin qu'il périt par trahison, *per dolum Ducum et Procerum.* Et voilà que, pendant dix siècles, nul historien ne prononce le nom du dernier Monarque d'Austrasie !

Mon Dieu ! Que notre siècle est insensible et froid ! Qu'il a la fibre lâche pour tout ce qui est religieux, c'est-à-dire, pour ce qui, seul, est poétique et beau ! Serait-ce donc qu'il n'y aurait plus rien qui batte sous le teton gauche de l'homme, qu'il passe, ainsi, chaque jour, indifférent, et presque sans s'en douter, devant les plus curieux monuments de l'histoire de son pays ? Ou serait-ce que, scellé à jamais des sept sceaux apocalyptiques, le livre de l'intelligence des lieux, des noms, et des faits traditionnels se serait refermé pour lui ?

On le croirait presque, en voyant nos contemporains si ignorants, si insoucieux des grands événements opérés sous leurs pieds. Tout parle encore, cependant, à leurs oreilles, à leur vue ; mais leur esprit est aveugle, et leur coeur n'entend pas ; *Aures habent et non audient.* Mille fois, peut-être, ici, il va passer, notre lecteur ; eh bien, demandera-t-il, même après avoir lu ce livre, demandera-t-il ce qu'y fait cette croix, cette haute et grande croix ? Non, il passera ; il traversera cette forêt, sans se douter que Dieu, un jour, dans sa colère, a soufflé sur les pères de ces chênes, et qu'à son souffle a disparu, soudain, toute une race de Rois. Tâchons, tâchons donc de ranimer les ossements de ce squelette ; redressons-les, et évoquons l'ombre du Roi-Martyr, lâchement égorgé, sur cette place même où nous nous agenouillons.

Ce que c'est, pourtant, et de l'homme et de sa mémoire ! Roi ou soldat ; qu'il ceigne le diadème ou qu'il porte le mousquet ; dites-moi ce que c'est de lui ? Voici un Roi, un roi, dont le nom est même populaire ; on sait qu'il fut chassé du trône ; qu'il fut banni par des factieux ; on sait aussi qu'un cloître, en Écosse, lui servit d'asile ; qu'il fut rappelé, replacé quelques mois sur le pourpre ; on sait enfin qu'il périt par trahison, *per dolum Ducum et Procerum*. Et voilà que, pendant dix siècles, nul historien ne prononce le nom du dernier Monarque d'Austrasie !

Un seul endroit sur la terre, un seul, celui où l'infortuné prince a succombé, un seul lieu (Stenay) conserve de lui quelques réminiscences fugitives, lointaines ! Mais ces pieux souvenirs ils s'effaçaient d'âge en âge; l'Oratoire du Saint était tombé sous le marteau, le lieu de sa sépulture devenait inconnu ; son nom restait, il est vrai, sur quelques cartulaires; mais voilà que la critique des *dénicheurs de saints* s'empare des textes; on commente, on discute; étaient-ils trois, les Dagobert ? Ou bien n'étaient-ils que deux ? Était-ce un Martyr-roi, ou n'était-il simplement que Martyr ? Et, au milieu de toutes ces cavillations, l'ombre de l'événement allait se dégradant de siècle en siècle; l'histoire était devenue légende, la légende un conte de bonne femme, et bientôt le conte n'était plus rien.

Mais Dieu prend soin de ces traditions ! Il conserve sur la terre la mémoire de ses saints : celle du bon, du pieux Dagobert ne périra pas !

www.ingramcontent.com/pod-product-compliance
Lightning Source LLC
Chambersburg PA
CBHW072004060426
42446CB00042B/1824